10대의 꿈 공장

10대의 꿈 공장

제3의 직업 성공스토리

박선아 지음

> 10대에 그토록 꿈꾸었던 꿈 공장은 아직도 멈추지 않고 돌아가고 있습니다.
> **이 꿈을 향한 여정은 내가 움직임을 멈추지 않는 한 계속될 것입니다.**

좋은땅

프롤로그

저는 한국의미치료학회 소속 1급 전문심리상담사입니다. 이 책은 그동안 제 삶의 의미를 스스로 찾아보았던 기억을 다시 되감아 보며 써 내려간 기록입니다.

울고 웃고 좌절하고 다시 나로 돌아오기를 반복하면서 살아온 시간을 글로 표현하는 내내 그동안 보이지 않았던 내 마음의 소리를 비로소 듣게 되었습니다. 이 글을 읽는 누군가가 삶을 살아가는 것에 대한 의미를 찾고 있을 때, 그 귀한 마음에 용기를 심어 주고 싶습니다.

인생을 살다 보면 나의 의지나 노력에도 불구하고 무기력하게 아무것도 할 수 없고 주어진 운명을 피할 수 없는 시간이 찾아옵니다. 오늘은 좋았다가 금방 변하는 예측 불가능한 날씨처럼 우리 감정도 그렇게 변하기도 합니다. 하지만 이제는 알 것 같습니다. 이런 마음속에서 일어나는 모든 감정이 습관이라는 것을 말입니다. 그리고 좋은 습관과 긍정적 사고로 바꾸는 것은 오로지 나의 선택이라는 것을요. 피할 수 없는 것들은 시간을 가지고 차분하게 기다리며 인내해야 한다는 것도 받아들이게 되었습니다. 물론 인생이 교과서처럼 정답이 있는 것은 아니기에 선택할 수 있는 여러 가지 방법이 있을 것입니다. 저에게 남은 인생은 늦었다고 생각하지 않고 오늘도 꿈을 꾸며 가려고 합니다. 꿈

많던 10대의 박선아가 그때 이루지 못했던 그 꿈들을 지금이라도 하나하나 가져와 한 발짝씩 이루어 가는 시도를 놓지 않으려고 합니다.

내담자를 만나 상담을 진행하다 보면 이미 늦었다고 꿈을 포기하는 사람들이 많이 있습니다. 가끔은 꿈조차 없는 사람들도 있습니다. 사람은 누구나 각자의 재능을 가지고 태어났습니다. 그 강점을 살려 즐기면서 성장의 밑거름으로 살아가야 합니다. 인생은 좋아하고 재미있는 일을 찾아서 즐겨야 행복하게 살 수 있습니다.

저는 과거에 첫 직장으로 스타킹 공장에서 7년을 보냈으며 그 후 제2의 직업으로 어린이집에서 12년 동안 교사 생활을 했습니다. 지금은 제3의 직업으로 박선아 심리상담센터의 센터장으로 활동하면서 초등학교에서 늘봄 강사와 청소년 상담 봉사와 노인센터에서 두뇌훈련 강사로 활발하게 활동하고 있습니다. 그 결과 교육팀장이라는 이름으로 자격증 양성과정을 진행하고 있습니다. 또한 부모 교육 강사와 의미치료로 전국을 강연하는 동기부여 강사로 활동하고 있습니다. 여러 세대를 아우르는 경험으로 인한 나만의 통찰력으로 앞으로 만나게 될 내담자들의 삶의 의미를 찾아 주는 의미치료 전문심리상담사로 나의 남은 삶을 가치 있게 살고 싶은 소망이 나의 마지막 꿈일 겁니다.

끝으로 인생은 늙어 죽어 가는 여정이 아니라 매일 한 걸음씩 변화하는 여정이라고 생각됩니다. 계절이 변화하듯 우리도 한 살, 한 살 성장하면서, 인생의 달콤한 경험과 만남이 설레고 가슴 뛴다면 그동안에 경험한 고통이 결코 헛된 날이 아닌 의미 있는 인생으로 여겨질 것입니다.

  저는 아기에서부터 노인에 이르기까지 전 세대를 만나는 N잡러입니다. 10대에 그토록 꿈꾸었던 꿈 공장은 아직도 멈추지 않고 돌아가고 있습니다. 이 꿈을 향한 여정은 내가 움직임을 멈추지 않는 한 계속될 것입니다.

"나를 죽이지 못한 것은 나를 더 강하게 하리라."

-니체-

목차

프롤로그 · 5

chapter1 10대의 꿈 공장

01 우유의 배신 · 14
02 열여섯, 잃어버린 첫 월급 · 17
03 일요일만 가는 학교 · 19
04 밤새 불렀던 노래 · 21
05 따뜻한 겨울 · 23
06 자취방에 인문학 · 25
07 언니가 시집을 갔다 · 28

chapter2 꿈을 향한 도전들

01 첫 번째 도전 · 32
02 시험장에서 연습한 날들, 한식 조리사 · 34
03 시간이 흘러도 놓지 않는 이유 · 36
04 나를 만난 시간 · 37
05 늦어도 괜찮아 · 40

| 06 | 실버 강사 도전기 | • 41 |
| 07 | 저 할래요 | • 44 |

chapter 3 오직 엄마

01	동생 낳아 줄게	• 48
02	내 몸은 중요하지 않아	• 53
03	엄마보다 나 되기	• 55
04	미안해 사랑아	• 57
05	상처에서 배우다	• 59

chapter4 글로 나를 만지다

01	분홍색 오뚝이	• 64
02	춥지도 덥지도	• 65
03	나의 작은 공간	• 66
04	선물	• 67
05	콩나물국	• 69
06	자판기 커피	• 70

07	풍요 속에 빈곤	• 71
08	아기	• 72
09	그리움	• 73
10	감	• 75
11	휴지	• 77
12	30년	• 78
13	치킨 한 마리	• 79
14	그날은 나도 차가워졌다	• 81
15	나무사랑	• 82
16	그런 네게	• 83
17	채워지는 사랑	• 84
18	기차에서	• 86
19	추억이란 이름	• 87
20	애쓰지 말아요	• 89
21	욕심	• 90
22	굿	• 91
23	이름	• 92
24	신부동의 여인들	• 94

chapter5 작은 것의 힘

| 01 | 내가 좋아하는 것 | • 98 |

02	소중함	• 100
03	나의 습관	• 102
04	나의 재능	• 104

chapter6 일상에 숨어 있는 심리

01	나를 만나요	• 108
02	코드가 맞는 사람	• 110
03	부정적인 사람을 피해요	• 112
04	두려움에 대해	• 113
05	심심할 때가 가장 평온하다	• 115
06	좋아졌다고 방심하면 더 크게 상처받는다	• 116

chapter7 촉촉한 날

01	2022년 8월 22일 월요일, 맑은 월요일	• 120
02	2022년 8월 23일 화요일, 화요일에 만난 은아	• 121
03	2022년 8월 25일 목요일, 비워라 그리고 채워라	• 123
04	2022년 11월 6일 일요일, 추워진 11월	• 125
05	2023년 1월 28일 토요일, 햇살에 속지 마라 바깥은 칼 추위	• 127
06	2023년 3월 27일 월요일, 아침 10시 30분 동네 카페에서	• 129
07	2023년 4월 3일 월요일, 따뜻하게 활기차게 걸어서 온 도서관	• 132

08	2023년 4월 4일 화요일, 4자가 둘이다 내년은 2024 4월 4일은	
	무엇을 쓰고 있을까? 기대된다 설렌다	• 134
09	2023년 5월 12일 금요일, 새벽이 아름다운 날	• 136
10	2023년 4월 6일 목요일, 오전 9시 수업 가기 전	
	나의 마음을 토닥토닥	• 138
11	2023년 4월 22일 토요일, 아침 첫 문을 열 때 1번으로 들어갔다	• 139
12	2023년 4월 23일 일요일, 아침 9시 롯데리아	• 143
13	2023년 8월 15일 화요일, 광복절 78주년	• 146
14	2023년 9월하고 5일, 약목의 하늘은 참 멋짐이 었다	• 148
15	2023년 9월 26일 화요일, 가을비	• 149

chapter8 꿈을 팔아요

01	부모교육 강사로 미래를 꿈꾸다	• 152
02	작가를 꿈꾸다	• 155
03	심리상담사가 되다	• 157
04	교육팀장으로	• 159
05	최초 놀이 하브루타강사를 꿈꾸다	• 161

에필로그 • 163

chapter1
....

10대의 꿈 공장

우유의 배신

1983년 겨울에는 삼각형 팩 우유가 귀하고 먹기 힘든 시기였다. 그 우유를 내가 정말 먹고 싶어 하는 줄 어찌 아셨는지 어머니께서는 다른 형제들은 부르지 않고 오직 나 혼자만 불러 팩 우유를 먹이셨다. 나는 그 우유를 신나게 마시고 사촌 언니랑 버스를 타고 천안이라는 낯선 곳에 도착했다. 처음으로 탄 고속버스에서 긴장했었는지 아니면 내가 앞으로 집을 떠나 이곳에서 살아야 하는 낯선 마음 때문이었는지 멀미를 심하게 해서 우유를 다 토했다. 아마도 버스의 역한 냄새도 한몫했을 것이다. 그날이 내 인생의 전환점이 된 시작이었다.

엄마가 다정하게 건넸던 그 팩 우유. 그 우유의 배신이었다. 팩 우유를 마시고 첫발을 내디딘 그곳은 나의 첫 사회생활이 된 스타킹을 만드는 공장이었다. 이곳에 내 꿈이 있을까? 나의 꿈은 어디에서 찾을까?

큰 기계 소리와 낯선 공간, 낯선 사람들 그리고 나보다 나이가 많은 언니들. 나는 놀고 싶다고 나는 학교에 가고 싶다고 투정을 부렸다. 아무리 외쳐도 갈 수 없다는 것을 받아들일 때쯤 8남매 중 바로 위에 언니가 나를 찾아왔다. 언니는 적응 못 하는 동생을 위해 겨울방학 며칠을 함께 있으면서 자취방에서 밥도 해 주고 위로를 해 주었다. "선아야, 조금만 참아. 언니가 또 올게!" 언니가 집에 돌아가는 뒷모습을 우두커니 바라보며, 얼마나 울었던지 그 여운이 오래 갔다. 그동안 살아온 나의 16년은 형제 많은 8남매의 넷째 딸로 태어나 넉넉한 형편은 아니지만 부러울 것 없이 할머니와 부모님의 사랑을 받으며 자유롭게 살았기 때문이었으리라. 어머니는 내가 공장으로 가기 전에 이미 두 언니가 천안에서 직장을 다니고 있기 때문에 적응을 잘할 것이라고 믿었던 것 같다. 하지만 나는 향수병에 걸려 힘이 들었다.

나는 공장으로 가기 전에 남매들과 동네 친구, 학교 친구들과 함께 모든 것이 흥미롭고 호기심으로 가득 찬 세상에서 재미있게 살았다. 눈 뜨고 일어나면 보이는 모든 것이 놀이고 장난감이고 탐색이고 탐험이었다. 산으로, 들로 뛰어다니며 놀았다. 평택의 평야와 저녁노을은 얼마나 아름다웠는지 모른다. 자전거를 타고 불렀던 노래들과 나의 고향에서 16년의 흔적들이 나를 적응 못 하게 하고 향수병에 걸리게 했다. 명랑한 사람들이 낯선 곳에 적응하기가 더 어렵다는 것을 나는 그때 알았다. 그래도 천성이 사람 사귀기를 좋아하는 성격이라 그곳 생활도 차츰 적응했던 것 같다.

언니는 힘들어하는 나를 고등학교에 보내려고 백방으로 알아보았다. 스타킹 공장에서 일을 하면 야간 고등학교에 갈 기회를 준다는 것을 알게 되었다. 그곳은 천안에서 왕복 3시간이 넘게 떨어진 곳이었다. 언니와 나는 추운 겨울날에 눈이 엄청나게 쌓인 곳을 걸어 원서를 쓰러 갔다. 언니는 자기 몸으로 추위와 바람을 막아 주고 우리는 많은 이야기를 하면서 서로를 의지하며 걸었다. 철없는 동생이 학교에 못 들어갈까 봐 언니가 애를 많이 썼다. 칼바람을 맞으며 도착한 학교는 방직공장에서 운영하는 국제 방직 야간학교였는데 이곳에 입학하려면 현장에서 1년 일을 해야 한다고 했다. 나는 학교를 1년 늦게 가면 중학교 때 친구들보다 늦게 졸업하기 때문에 싫다고 우겼다. 그런 나를 안쓰럽게 여긴 언니는 다른 곳을 알아봐 준다고 했다. 우리는 천안에 돌아와서 다른 소식을 접하게 되었다. 나의 경우는 방송통신고등학교를 가면 된다고 해서 급한 마음에 방통고에 입학원서를 냈다.

열여섯, 잃어버린 첫 월급

　스타킹 공장에 들어간 지 한 달 만에 평생 만져 보지도 못한 큰 돈뭉치를 받았다. 그동안 이래저래 일을 배우고 낯선 공간에서 정을 붙이며 보낸 한 달 만에 받은 45만 원이라는 큰돈을 보고 잃어버리거나 누가 가져갈까 봐 겁이 났다. 나는 바지 호주머니에 돈봉투를 넣고 집으로 향했다. "언니 월급 탔어!" 하면서 방문을 열고 손을 주머니에 넣었는데, 돈봉투가 사라진 빈 주머니였다.
　나는 언니와 함께 깜깜한 밤에 왔던 길을 다시 돌아가 울면서 뛰어다니며 돈봉투를 찾았다. '아니야, 아니야, 있을 거야. 쌀이 몇 가마니인데…' 온몸이 떨렸다. 엄마·아빠 가족들까지 다 생각났다. 그렇게 울부짖는 나를 언니는 "괜찮아, 선아야. 잃어버린 것은 잊자! 네가 걱정이다."라며 꼭 안아 주었다. 우리는 빈손으로 집에 돌아와 밤새 잠을 못 자고 뒤척이다 일어났다. 언니는 따뜻한 김칫국을 끓여 차려 주며 "너는 다른 아이들보다 더 훌륭한 사람이 될 거야." 하면서 철없는 동생을 토닥여 주었다. "아니야. 언니! 나는 밥 먹을 자격이 없어. 그 돈이면 우리 가족이 모두 쓸 수 있는 큰돈인데, 내가 바보야."라고 말하고는 차려

준 아침밥도 먹지 않고 출근했다.

  한참 일을 하고 배우는데 누군가 내 이름을 불렀다. 경찰서로 월급봉투를 누가 가져왔는데 옆 공장(속옷 만드는 곳)에서 자기와 같이 일을 하는 사람이 월급봉투를 통째로 잃어버린 것을 안타깝게 여기고 어젯밤에 가져왔다는 것이다. 나는 그때 첫 월급을 두 번 아니 세 번 받은 것처럼 기쁘고 감격스러웠다. 알고 보니 퇴근 시간에 늘 같은 방향으로 걸어가는 아이였다. 정말 고맙고 우리 여기서 열심히 돈 벌고 공부도 하고 꿈을 키우자는 내용의 글과 함께 그 아이에게 작은 선물로 사례를 했다.

일요일만 가는 학교

나는 17세 3월에 대전여자고등학교에 있는 방송통신고등학교를 입학했다. 그래서 주간반에서 3교대 근무로 지원했다. 그 당시에는 3교대가 시간을 많이 활용하고 수당이 붙어 월급이 많았다. 국내에서도 매출이 커서 성장하는 회사였고 수출도 많이 하며 변화는 시기라 일이 정말 많았다. 일요일도 일을 하는 분위기였고, 일을 해야만 했으나 나처럼 일요일에 학교에 가는 아이들은 쉬게 해 주었다. 학교는 첫째, 셋째 일요일에만 등교했다.

고등학교 다니는 3년간 일요일에 쉬지 못했는데, 가끔 회사의 배려로 고향을 갈 수 있었다. 대전으로 학교 가는 날이 나에게는 유일한 학창 시절이며 나의 꿈을 살릴 수 있는 시간이었다. 평일에는 라디오로 방송을 듣고 두꺼운 책을 읽으면서 보냈으나 가끔 야간을 마치고 학교에 가야 하는 날에는 대전 가는 버스에서부터 졸기 시작했다. 학교에 도착해서 내 몸은 천근만근 잠을 못 잔 상태로 공부는 집중이 안 되었다. 그런데도 나는 3년간 개근상은 탔다. 친구들과 선생님이 대단하다고 했지만, 사실 선생님의 배려로 야근하고 온 날에는 좀 자도 등을 토닥여 주셨다. 내가 다녔던 추억의 학교에 언젠간 꼭 가 보고 싶다. 선생님과 친구들도 그립다. 우리는 그곳에서 서로의 힘든 이야기는 하지 않았다. 방통고에서 만난 친구들과 행사도 모임도 소풍도 졸업여행도 없는 짧은 시간이었지만, 우정을 쌓기에도 바빴다. 우리는 그 교실에서 꿈과 희망으로 채우는 것에는 충분했다. 감사하게도 졸업식만큼은 화려하게 가족들의 축하를 받으며 마칠 수 있었다.

  3학년 때 일이다. 우리는 일요일만 가니 교실은 따로 없고 본교 학생들이 쓰는 교실을 그냥 써서 그 아이들의 자리에 앉아 일요일만 사용했는데, 주간 학생들의 소지품이 그대로 있었다. 그날도 나는 늘 앉던 자리에 앉아 수업을 듣는데 바지가 더러워졌다. 담임 선생님에게 말씀드리니 다음에 가져오라고 하시면서 내 자리 학생의 체육복을 빌려주셨다. 얼마나 감사했는지 모른다. 나랑 같은 나이의 주간 친구야! 얼굴은 모르지만 참 잘 입었다. 감사한 마음을 전해 본다. 그 교실에서 있었던 크고 작은 경험과 그 시간 모두가 꿈을 향한 첫걸음이었다.

밤새 불렀던 노래

　야간반 때 일이다. 잠을 자고 출근해도 새벽 2, 3시면 잠이 온다. 나는 친구들과 동료들이 졸지 않게 방송실에서 음악을 틀어 주는 일을 했다. 일을 하다가 음악이 멈추면 달려가 신나는 음악을 틀었는데 팝송, 가요 등의 노래를 반복해서 듣고 큰 기계 소리에 목소리가 묻히지 않게 모두가 목청껏 노래를 불렀다. 새벽에 비가 오는 날에는 「그대는 봄비를 무척 좋아하나요」를 함께 불렀고 친구가 우울해서 힘들어할 때는 친구가 좋아하는 이선희 노래도 틀어 주었다. 가끔은 흥이 넘치는 아이들이 팝송을 부탁해서 틀어 주었다. 친구들이 춤을 추면 나는 박스로 무대를 만들어 거기서 흥겹게 춤을 추었다. 힘들고 고단한 삶이지만 모두 여기에서 동고동락하면서 함께 으쌰으쌰 힘을 낸 것이었다. 어느 날에는 대학가요제 노래를 친구가 가져와서 함께 「바다새」를 떼창으로 불렀다. 의미치료를 창시한 빅터 프랭클은 지옥 같은 수용소에서 저녁마다 만담 쇼를 열어 서로 웃고 다독이는 시간을 가졌다고 한다. 아마 우리도 이곳에서 서로를 의지하며 만담 쇼 같은 것을 한 것이 아닌가 생각해 본다.

우리는 그렇게 10대를 보내고 20대를 맞이했다. 함께 일하던 언니들이 하나둘 짝을 만나서 시집을 갔다. 그런 날에는 큰 공장이 텅 빈 것 같아 며칠 동안 허탈해서 견디기 힘들었다. 그 빈자리는 새로운 사람들로 채워졌지만, 신입사원들은 예전에 우리보다 적응을 더 못했다. 새로운 신입으로 채워지는 것이 반복되는 사이 나와 몇 명만 남았다. 남은 우리들은 '언제 이곳을 떠날 수 있을까?' 하는 이야기를 자주 나누었다. 맘이 힘든 아이들은 늘 내게 와서 고충을 호소했다. 우리는 서로를 위로하려고 여행도 자주 가고 퇴근 후 우리 집에 와서 함께 잠도 자고 청춘의 한때를 보냈다. 나는 자취방에 수선화꽃을 가져다 놓고 배따라기의 「수선화」를 많이 들었다. 쉬는 날에는 다른 친구 자취방에도 갔었는데 한 친구가 보온 밥솥에서 안성탕면을 끓여 주었다. '밥솥에 라면이라니!' 의아했지만, 그 맛이 얼마나 맛있던지 나는 지금도 마트에 가면 한 번씩 안성탕면을 산다. 그날 친구가 끓여 준 맛이 그리운 것인지 나의 그 시절이 고픈 것인지 나도 모르게 손이 간다.

05

따뜻한 겨울

    퇴근을 하고 집에 오면 어떤 날에는 방이 냉골일 때가 있었다. 유독 손발이 찬 언니는 내 몸이 따뜻하다고 이불 속에서 내 발과 손을 대고 몸을 떨었다. 언니와 나는 슈퍼에서 산 번개탄을 피우고 연탄을 위에 올리고 또 다른 한 장의 연탄을 올려 연탄불을 살리기도 했는데 어떤 날에는 옆방 동기들이 연탄불을 빌려주었다. 꺼지려는 연탄에 빨간 연탄을 밑에 놓으면 시간이 지나면서 불이 붙는다. 옆방 동기들이 연탄불을 빌려준 덕분에 추운 겨울을 따뜻하게 보낼 수 있었다. 그 일은 지금도 가끔 생각나는 선한 동기들의 사랑 온기였다.

    그리고 한겨울 집에서 가져온 김장 김치가 익어 갈 때는 연탄불에 양은 냄비로 김치찌개를 올려놓고 밥을 준비했다. 참 고마운 연탄. 가끔 동생들이 와서 청소도 해 주고 콩나물국도 끓여 주었는데 나보다 네 살 어린 동생이 언니들 고생한다고 집안일을 많이 해 주고 겨울방학 내내 함께 있어 주었다. 동생들이 가는 날이 늦게 오기를 바랐다. 동생은 내가 퇴근하는 시간에 밖에서 기다리고 "언니 힘들었지." 하면서 나를 반겼다. 그런 동생들이 집으로 가면 내 손도 발도 차가웠다.

이런 날도 있었다. 고마운 연탄이 너무 활활 타서 방이 엄청 뜨거워지고 있었나 보다. 그날은 야간을 마치고 너무 졸려서 맨땅에 이불만 덮고 자고 있었다. 퇴근한 언니가 나를 흔들어 깨웠다. 언니가 내 다리를 보고 놀라면서 "너 어디서 데었니?" 하길래 종아리 옆을 보니 아주 큰 물집에 생겼다. 너무 깊이 잔다고 다리가 뜨거운 방에 데는 것도 몰랐다. 세상에! 방바닥에서도 화상을 입다니. 그 흉터가 아직 동그랗게 남아 있다. 그래도 그때 그 연탄이 그립고 고맙다.

06

자취방에 인문학

　퇴근을 하고 집에 오면 언니는 늘 책을 보고 있었다. "언니, 또 책 봐? 밥은?" 하면서 나는 투덜거렸다. 알고 보니 언니는 시간 가는 줄 모르고 책에 빠져서 밥하는 걸 잊어버린 것이었다. 언니와 함께 사는 작은 자취방은 벽 사방이 책으로 가득했다. 그 책 종류는 인문학, 철학, 심리학, 미술 분야 등 다양했고, 노벨문학상도 있었는데 참 신기했다. 나는 내용도 모르고 관심도 없었지만, 책 겉표지를 다 외우고 있었다. 언니는 앉으나 서나 책을 읽고 글을 썼다. 방 구석구석에는 책이 놓여 있었다. 언니는 내가 책을 모르고 밟거나 함부로 하면 내게 설명을 해 주며 조심히 다루도록 이야기할 만큼 책을 사랑했다. 교양 넘치고 지적인 언니는 말도 조리 있게 잘해서 내가 공장에서 억울한 일을 호소하면 "내일 가서 이렇게 말해."하고 제스처까지 알려 주면서 나를 교육했다. 자주 흥분하고 사람에게 당하는 나에게 언니는 코치 선생님이었다.
　가끔 언니는 지식에 충만해서 에너지를 발산하고 싶을 때 말할 사람이 없으니 나를 앉혀 놓고 이런저런 사상과 이념을 이야기했다. 나는 졸려서 눈이 가물가물해지는데 언니는 나에게 자신의 지식을 전해 주고 싶었던 것 같다. 지금 생각하니 웃음이 나온다. 나는 중얼중얼 '아~ 그래서 그런 거야?' 하면서 스르르 잠든 적이 많았다.

그뿐 아니라 언니는 밤늦게 TV에서 하는 세계 명작을 놓치지 않고 봤다. 언니는 잠을 안 자고 기다렸다가 자는 나를 깨웠다. 잠에 빠지면 못 일어나고 관심도 없었으니 나는 볼 리가 없다. 하지만 아침에 일어나면 언니는 사명감을 가지고 영화의 배경과 시대의 흐름까지 맥을 잡아 주인공의 특성과 배우의 이야기까지 스토리를 다 이야기를 해 주었다. 또한 언니는 명작에 삽입된 영화 음악을 다 외우고 내게 말해 주었다. 그런 언니의 모습이 지금도 선하다. 나는 그런 언니가 자랑스러웠었다. 이제 와서 생각해 보니 모르는 동생에게 지성인의 감성을 물들게 하고 싶었던 것 같다.

언니는 작품 중에서 특히 「닥터 지바고」, 「태양은 가득히」, 「바람과 함께 사라지다」를 좋아했는데 책으로도 읽고 영화도 보고 그림으로 그리기도 했다. 언니는 젊음의 한때를 한순간도 놓치지 않고 알곡처럼 보냈다. 인문학적 사고가 날로 확장되고 열정을 가지고 살았다. 거기다 네 살 어린 동생인 나까지 보살피면서 늘 걱정과 잔소리를 했던 언니이다. 변덕 많고 교양 없는 말괄량이 동생에게 매 순간 좋은 영향을 주려고 애썼다. 누가 가르쳐 주지 않아도 스스로 개척하며 내 눈에 멋지게 삶을 살았던 언니와는 마냥 그런 날이 계속 이어질 거로 생각했다. 빛나는 청춘의 한때를 낯선 곳에서 언니가 좋아하는 책처럼 영화처럼 7

년을 함께 살았다. 아마도 언니와 함께한 시간이 고향을 떠나 낯선 곳에서 살아낸 힘이 아니었을까 생각한다.

07

언니가 시집을 갔다

어느 날 언니와 선을 본 남자 친구가 자취방에 온다고 했다. 나는 언니가 좋아하는 책들을 책꽂이에 가지런히 정리하고 방도 닦고 영화 음악도 틀어 놓고 분위기 있는 방으로 꾸미며 청소했다. 책만 보고 음식을 안 했던 언니는 손수 정성을 다해 요리해서 남자 친구에게 대접했다. 그분이 자취방에 오셔서 첫 마디가 아직도 생생하다. "내 인생에 이렇게 책을 많이 읽은 사람은 처음이야." 그분도 교편을 잡고 계셔서 책을 가까이하셨지만, 언니의 책을 향한 열정을 넘어설 수 없었나 보다. 나는 그날만큼은 언니가 최고로 멋있어 보였다.

헤르만 헤세를 사랑했던 언니. 고독을 즐기며 별을 좋아했던 언니. 그 남자 친구가 형부가 되고 나서 언니의 빈 자리가 내게는 공허로 가득 찼다. 그 시절만 있고 늘 시간이 영원할 거라 믿고 살다가 언니가 서울로 시집을 가던 날의 허전함은 잊을 수가 없다. 아마 내가 우유를 마시고 낯선 곳에서 맛본 헤어짐과 비슷한 감정이었던 것 같다. 나는 엉엉 울면서 언니에게 전화했다. "언니, 보고 싶어. 우리 이제 헤어지는 거야?" 그때 언니는 역시 명언을 남겼다. "선아야, 네가 지금 슬퍼

하고 그리워하는 마음은 지금 순간에 드는 감정이야. 막상 현실을 살면 그전처럼 지지고 볶고 잘 살 거야. 변한 것은 없어." 나는 공중전화에서 언니의 사랑을 느꼈다. 언니는 철없이 엉엉 우는 동생에게 일침으로 중심을 잡게 해 주었고, 나는 언니의 그 말 덕분에 중심을 잡을 수 있었다.

chapter2

꿈을 향한 도전들

01

첫 번째 도전

　나의 첫 번째 도전은 27살이었다. 첫 아이가 3살 되던 해부터 내 꿈이 꾸물꾸물했다. 어릴 때 매일 나보다 한두 살 어린 동네 꼬마들과 학교 선생님 놀이를 많이 했었다. 땅바닥에 나뭇가지로 칠판과 의자를 그려 놓고 선생님 놀이를 했었다, 놀이도 개발하면서 시간 가는 줄 모르고 놀다가 언니가 밥 먹으라고 하면 그때 집에 들어갔었다.

　놀이의 재능이 있던 나는 어떤 사물이나 스치는 생각도 놀이로 이용했고 즐겼다. 지금 생각하니 유년기에 경험을 풍부하던 것이 자유롭게 잘 노는 것이었다. 그것은 이론이 아닌 실제 경험이었다. 내 안에는 꿈틀거리는 창의 놀이가 가득했었다. 그때 함께한 친구가 유치원 선생님이 되었다는 소리를 듣고 너무 부러운 나머지 보육 교사에 도전했다. 첫째를 데리고 수업하러 갔었다. 그때부터 나의 도전이 시작이었다. 버스를 타고 아기를 업고 수업을 듣고 집에 와서 자영업을 하는 남편과 직원 밥을 싸서 가게로 배달했다. 이제는 배달하지 않고 도시락을 싸는데 내가 30년이 넘게 하는 일 중 하나이다. 그리고 일과 공부를 병행하고 자녀를 돌보는 시간으로 바쁘게 20대를 보냈다. 아기를 업고 수업을 갈 때 아기 엄마들이 여럿이 있었다. 수업에 방해가 된다는 그 기관의 배려로 같은 건물에 있는 선교원에 보내고 수업을 들을 수 있었지만 큰애를 3시간 떼 놓고 나오면 마음이 아팠다. 아기의 울음과 표정이 생각나서 수업을 마치면 제일 먼저 다가가 안아 주었다. 24세에 결혼에 바로 임신과 출산으로 25세에 엄마는 꿈과 아기를 동시에 안고 그 일을 묵묵히 견디었다. 그렇게 해서 수료를 하고 나는 보육시설장 자격증을 취득했다. 그 일로 아이들을 키우면서 12년 넘게 보육 교사로 일을 할 수 있었다.

02

시험장에서 연습한 날들, 한식 조리사

　한식 조리사 자격 첫 시험을 치고부터 합격이라고 생각했는데 막상 불합격하니 의욕이 사라졌다. 그래서 더 이상 노력과 연습을 하지 않고 다음 시험을 접수하고 시험장에 올랐다. 나는 왜 그때 시험을 다시 치러 갔을까? 배우고 연습했는데 자격을 취득하지 않으면 후회할 것 같아서였고, 나보다 연세가 열 살 정도 많으신 어르신이 불합격하고 다시 응시하지 않은 것에 대해 후회하는 이야기를 들었기 때문이었다. 그분은 한식 조리사 자격증을 취득하고 일을 하려고 하셨는데 자격증이 없어서 취직을 못 해 너무 아쉬워하셨다. 그 모습을 지켜본 나는 너무 안타깝게 느껴졌다. 언젠가 '내가 원하는 일자리가 있는데 자격증이 없어서 못 하는 상황이 된다면 얼마나 아쉬울까?' 하는 생각이 들었다. 그 생각을 하며 자격시험에 떨어져도 연습 없이 시험 접수를 했다. 나는 그때 불합격으로 의욕을 잃은 상태라 차라리 시험장에 가서 연습한다고 생각했었다. 의욕이 없고 연습을 안 했지만 일단 접수하면 시험은 볼 수 있으니 언젠가는 합격할 것이라는 희망의 끈을 놓지 않았다. 따로 연습하지는 못했지만, 시험 접수하고 응시하는 시간과 돈을 들였다. 그렇게 시험장에서 여러 번 실기시험을 치다 보니 실력도 늘었다. 또한 바로 국시를 볼 시간이 남들보다 많고 더 세밀하게 배울 수 있다는 것에 대해 서서히 자신감이 생겨서 나중에는 내 집처럼 편하게 시험을 보고 나오는 문제를 다 외우게 되었다. 머지않아 나는 '한식 조리사 합격'이라는 글자를 만날 수 있었다.

이제 와서 생각하니 시험장에 준비된 재료로 연습하고 공간도 활용한 것이었다. 그 무렵 나는 '99번의 실패가 있었기에 100번째가 더 빛난다.'라는 문구를 생각했다. 물의 끓는 온도는 섭씨 100도다. 물이 끓고 안 끓고의 온도 차이는 단지 1도이다. 99도를 100도로 만드는 이 1도의 노력이 우리 집이 있는 구미에서 대구 시험장에 가서 오전 내내 시험을 치르고 오후에 출근하는 열정을 불러오게 했다.

03

시간이 흘러도 놓지 않는 이유

'호랑이 굴에 가서도 정신만 차리면 산다.'라고 했던가! 그런데 나는 오히려 호랑이에게 나를 맡기고 멍하게 '나를 잡아가.'라고, '나도 모르겠다.'고 정신을 놓고 살았던 것 같다. 그런데도 놓지 못하는 것들이 내게 분명하게 있었다. 그것은 돈도 명예도 사랑도 아닌 10대 공장에서 일할 때부터 내 마음속 깊은 곳에서 키워 왔던 꿈 공장이었다.

보육 교사로 일을 하면서 대학을 언젠가는 가야겠다고 늘 다짐했었다. 그 꿈들은 아이 셋을 낳아 키우는 동안 잠자는 용처럼 마음속 깊이 숨죽이며 서서히 자라고 있었다. 그 꿈이 꿈틀거릴 즈음 큰아이가 대학에 진학했고, 나도 큰아이와 함께 대학생이 되었다. 대학을 졸업한 후 서울에 있는 숭실사이버대학에 편입학했다. 서울에 있는 본교에서 강의를 들을 때는 나의 내면 아이 선아가 너무 행복해했다. 나의 지인 중 한 명은 "그 학교 가려면 원래 등급이 높아야 해. 인 서울이야!" 하면서 나를 칭찬했었.

시간이 흐를수록 나의 도전은 점점 진화되었다. 내가 아닌 다른 누가 알아주지 않아도 나의 내면 소리를 나는 귀 기울여 들어 주었다.

나를 만난 시간

 어떤 날에는 주저앉아 있고 싶은 마음이 찾아오기도 한다. 그때는 이해되지 않고 얽히고설켜 풀리지 않을 것 같은 일들이 있었다. 지금에 와서 생각해 보면 내가 나를 믿지 않고 타인의 눈치를 보는 것에 시선을 두었던 탓이었다. 타인의 눈치를 보는 것을 흔히들 '자존감이 낮다.'라고 하는데, 나는 그렇게만 생각하지는 않는다. 선택의 갈림길에 섰을 때 그 선택을 한 것은 나 자신이었고 타인의 시선은 내게 평계였다는 것을 서서히 받아들이게 되었다. '시간이 약이다.'라는 말을 믿지 못하고 안달했던 마음이 시간이 갈수록 불신으로 쌓여 나의 정신력이 흔들렸었다.
 어느 선생님의 언행이 반복적으로 나를 분하게 했고 억울하게 한 적이 있었다. 몇 개월간 참다가 내 생각을 이야기했다. 다른 사람과의 관계에서는 흔히 넘어가는 일들이 나의 용기 낸 말 한마디에 '나를 그렇게 만만하게 보도록 내가 만들었나?' 하는 생각이 들 만큼 그 선생님은 과민 반응을 했다. 나는 평소에 소신 없이 배려했던 행동들 때문이라고 생각했었다. 그 사건이 나를 아프고 힘들게 해서 그 선생님과 죽을 때까지 만나고 싶지 않았다. 그 공간이 지옥처럼 느껴졌는데, 그곳에 가면 나는 가면을 쓰고 아무 일도 없는 척 웃으면 예스맨으로 지내며 나를 돌보지 않았다. 그때 내가 할 수 있는 일은 '괜찮아.' 하면서 나와의 카톡에 적는 것이 유일했다. 마음이 힘들고 무거워도 책임감 있게 끝까지 일을 해냈다. 하지만 나의 내면 소리를 완전히 무시하고 일을 했을 때 신체적 증상으로, 몸으로 질병이 온다는 것을 배우는 시간이었다. 그 선생님은 끝까지 나를 옭아매어 나를 힘들게 했다. 이외에도 나는 수십 년을 나로 살지 못하고 전전긍긍했다. 그 결과로 마음은 채워지지 않는 욕구들로 가득 찼다. 타인의 시선과 행동 말을 신경 쓰느라 내 안의 다정한 목소리, 나의 꿈들은 누르고 있었다. 왜? 왜? 왜? 라는 질문이 생겼어도 용기가 없는 나는 신체가 경직되도록 스트레스를 안고 누르기만 했었다.

그렇게 사회생활과 종교 생활을 해 온 터라 내 호흡으로 숨을 쉬고 싶을 때 학교 시험을 준비한다고 독서실을 찾았다. 작은 공간에 커튼으로 덮인 책상에 책을 펴고 한 자리에서 아침부터 저녁까지 앉아서 몰입하는 나를 만났다. 이것을 맛보려고 그렇게 돌고 돌고 휘둘리고 살았구나! 지금도 그날의 그 평온했던 마음이 기억난다. 오전부터 공부를 시작해서 점심 먹으려고 시계를 보니 저녁이 되어 있었다. 그 몰입의 시간은 책과 즐기며 외우고 공부하고 재미에 푹 빠졌던 시간이었다. 그 순간만큼은 누구의 삶을 대신 사는 것이 아닌 오롯이 나였다. 나는 그 감동을 맛보고 그동안 타인 중심의 생활과 시선을 하나하나 벗겨

내는 연습을 했다. 모든 것은 훈련과 연습이다. 좋은 생각, 좋은 말로 나를 채워라! 부정은 가족이라도 멀리하라!

05

늦어도 괜찮아

퇴근 후에도 나는 채워지지 않는 욕구로 야간에 운영하는 평생교육원을 다니며 강사 일에 도전했다. 그리고 어린이집 근무 시작 시간이 오후 3시로 바뀌면서 오전에 하는 도서관이나 대학에서 하는 강의들도 들었다. 한 동료가 이런 말을 했다. "출근만 해도 힘든데 안 힘들어?" 나는 속으로 웃으면서 '나는 그렇게 안 하면 더 힘들어. 나는 그래야만 사는 사람이야.'라고 했다. 이런 나를 묵묵히 지지해 주고 물질적으로도 지원해 준 사람이 23살에 경부선 기차에서 만난, 하늘이 준 선물 같은 남편이다. 늘 한결같이 지지해 주는 참 고마운 사람이다.

그리고 또 한 사람은 나를 가장 잘 아는 사람. '늦어도 괜찮아.' 바로 꿈 공장의 주인인 '나'이다. 양말 더미에 누워서 뒹굴면서 미래의 꿈을 키우며 시를 쓰고 연극을 하며 노래를 불렀던 그 10대 아이가 내 마음을 뜨겁게 달구었다. 서서히 온도가 높아져 연탄불에 다리가 데어 물집이 생기는지도 모르는 것처럼 서서히 '늦어도 괜찮아.' 살아 있는 한 꿈은 이룰 수 있다.

06

실버 강사 도전기

　퇴근을 하고도 미래의 꿈을 향해 부지런히 배우고 공부하는 길을 걸어왔다. 나의 공허한 마음을 채우기 위해 공부했던 나날들이 하나둘 열매 맺고 실현될 때가 온다는 것을 알지만 참으로 막연했다. 자격증만 따고 흐지부지 열정이 식는다면 그다음 결과도 마찬가지일 것이라는 생각이 들었다. 이미 취득한 실버 강사 자격증이 있어서 자원봉사라도 하려고 했는데 마침 알고 지낸 친구의 소개로 실버 놀이 강사로 면접을 보게 되었다. 시설과 요양원은 버스를 타고 갈 수 없는 거리였고 교구가 많아서 차가 없으면 할 수 없었다.

　면접을 보던 대표님께서 나의 끼와 재능을 칭찬해 주셨다. 그리고 덧붙인 말은 "선생님은 노력과 연습만 하면 다른 사람보다 더 올라갈 거예요."라고 하셨다. 나는 그 말이 마음에 확 와 닿았다. 대표님은 친절하게 나를 센터까지 운전해 데려다주시고 길도 알려 주셨다.

　드디어 첫 수업이 잡혔다. 구미에서 30분가량 운전을 해야 하는 곳이고 차도 많이 다니는 곳이라 차도 없는데 네가 어떻게 거기까지 가냐고 신랑이 걱정을 하며 이 일은 하지 말자고 했다. 나를 이기지 못한 신랑은 출근하면서 태워 주고 내가 끝나면 데리러 온다고 기다리라고 했다. 큰 가방 두 개를 들고 내리는 나를 보고 가슴이 찢어진다며 울분을 토했다. 안 그래도 첫 수업이라 두근거리는데 가는 길에 신랑과의 실랑이로 어두워진 마음을 안고 첫 수업을 섰다. 어떻게든 분위기를 이끌어 보려고 했지만 실버 놀이 강사가 만만치 않았다. 어르신들이 "재미없다.", "하기 싫다." 등등 불만을 털어놓았다. 급기야 복지사님이 나더러 이렇게 하라 저렇게 하라 지시를 하셨다. 얼어 버린 나는 인사를 하고 나오는데 친구가 차를 가지고 요양원 앞으로 갑자기 찾아왔다. "선아야, 힘들었지. 너 오늘 생일이잖아." 친구는 짐을 차에 싣고 나를 토닥여 주었다. 나는 얼른 신랑한테 전화해서 오지 말라고 하고 친구랑 점심을 먹으면서 오늘 일을 이야기했다. 참 따뜻한 생일 선물이었다.

  나는 그날 집에 와서 프로그램을 만들고, 연습을 하고, 외우고, 혼자 서서 체조하고, 1시간 수업이 지루하지 않게 연습하고, 또 계획안을 풀어서 쓰고, 연습한 것을 신랑 앞에서 해 보며 연습했다. 시간이 날 때마다 시시때때로 연습을 했는데 방학 때 잠깐 집에 다니러 온 아들이 "엄마가 저렇게 연습을 많이 하시는 것을 보니 정말 좋아하는 일이네요."라고 하며 엄마의 끈기에 놀랐다고 했다. 어떤 날은 토요일 하루 종일 연습했다. 아침에 출근한 신랑이 저녁에 퇴근할 때까지 했던 것 같다. 그리고 드디어 두 번째 강의가 돌아왔다. 나는 어르신들과 일대일로 눈을 맞추고 자연스럽게 놀이를 술술 진행했고 분위기에 맞춰서 흥도 냈다. 대표님이 말씀하신 끼를 발휘한 것 같았고, 누군가에게 보여 주기식 실버 놀이가 아닌 인간 박선아가 진정으로 즐기며 나를 어르신들에게 던졌다.

　이후 신랑이 차를 구해 주었다. 나는 운전에는 관심이 없는 30년 장롱면허였지만 하고 싶은 일 앞에서 나이도 두려움도 이겨 낼 수 있을 것 같았다. 이 일을 계속하려면 내가 스스로 운전해야 해서 연수를 다시 받고 친구들과 지인들의 도움으로 이제는 내가 운전해서 실버 놀이 강의를 다닌 지 3년이 넘었다. 3년이라는 시간이 지나고 교육팀장으로 임명됐다. 신임 강사와 자격증반 양성과정에 그간 내가 한 모든 실패와 노하우를 알려 줄 때는 그들에게 나는 이런 말을 한다 연습만이 살길이고 막상 무대에서는 아무도 없는 것처럼 마음껏 춤을 추듯 놀이든 음악이든 해 보라고 이야기를 한다 실패가 나를 훈련한다고. 도저히 못 할 것 같은 상황에서도 용기 내어 도전한 결과였으리라 생각하며 앞으로도 최선을 다하려 한다고. 마치 오늘이 마지막 날인 것처럼 나는 그 일을 했다.

저 할래요

　오전에는 실버 놀이 강사로, 오후에는 어린이집 출근을 하지만 어느 하나 소중하지 않은 것이 없다. 그들이 나를 웃게 하고 삶의 의미를 부여해 주니 힘든지 모르고 시간을 활용하고 있다. 또 내가 배우고 있던 분야는 작년부터 학부모 상담 교육을 고급과정까지 거의 1년간 수련받고 있었다. 올해는 집단상담 실습을 8회기씩 2번을 해야 했다. 올 초부터 상담 일정이 있었으나 요일과 시간이 안 맞아 애만 태우고 있었고, 배운 것을 실천해 보고 싶은 단계였다.
　때마침 담당 선생님이 전화를 걸어 오셨다. 내 직장과 가까운 학교이고 시간도 오전 실버 놀이 강의 마치고 12시 50분부터 어린이집 출근 전 40분이니 가능한지 여부를 물으셨다. 두말없이 대답했다. "저 할래요."
　8주면 두 달간 매주 월요일 집단상담이다. 일단 오전 강의 가기 전 갈아입을 옷을 챙기고 도시락을 쌌다. 밥 먹을 시간을 절약했고 옷은 차에서 갈아입고 바로 학교로 갔다. 서둘러 움직이니 시간이 남아 미리 활동지도 배분해 두고 집단 상담을 준비했다. 집단상담이 끝나면 차에서 밥을 먹고 바로 어린이집으로 출근했다. 시간을 알차게 이용해서 일할 수 있는 즐거움에 더 보람이 있었다. 이 시간은 그동안 내가 배운 것과 경험을 떠올리며 아이들의 내면 이야기도 듣고 피드백해 줄 수 있는 귀한 시간이었다. 오후에 어린이집에서 공부도 하고 동생을 데리고 가는 오빠가 집단상담에서 나를 보고 인사를 했다. 이렇게 나는 아기부터 청소년 어르신들까지 전 연령의 심리상담사로 사람들과 의미를 찾아가는 일을 하면서 꿈을 점점 키우고 있다. '저 할래요.'라는 용기는 나를 책임 있는 사람으로 만들고 연습과 노력의 시간으로 보내는 것의 첫 출발이다. 뭐든 즐겁게 저 할래요!

학교자원상담도 3년이라는 시간이 흘렀다. 이참에 청소년복지 상담도 문을 두드려 봉사를 할 수 있었다.

그러면서 내가 꿈꾸는 상담사 걸어 다니는 상담으로 가정에도 찾아가 상담을 했고 1년 넘게 줌과 대면 전화로 상담을 이어 갔다.

chapter 3
....

오직 엄마

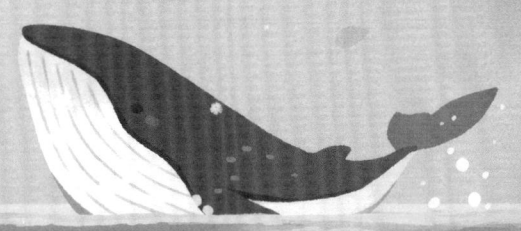

01

동생 낳아 줄게

첫 아이는 결혼과 동시에 생겨서 임신에 대한 걱정이 없었다.

그리고 둘째는 천천히 낳으라는 친정엄마의 조언이 있었다. 그런데 막상 둘째를 가지려고 하니 1년간 안 생겼다. 그때 내 나이 29살이었다. 나의 조바심과 불안은 꼬리에 꼬리를 물고 불임이라고 생각을 하게 되었다. 나도 모르게 아기를 임신해야겠다는 생각을 강박적으로 했다. 지금 생각하니 나의 내면은 불안과 부정적 사고로 가득했던 시기였다. 내 스스로 결핍에 대해 깊이 생각하며 병을 만들고 안달을 했다. 그리고 거기서 끝나지 않았다. 전국에서 유명한 한약방부터 불임 클리닉까지 다니면서 나를 힘들게 했다. 기다리는 시간이 나를 힘들게 하면서 나는 어떤 것이라도 임신에 좋다는 것이 있으면 맹신하게 되는 습관을 지니게 되었다. 위험했다. 지금도 내 인생에서 가장 후회되는 시간이다. 그로 인해 정신이 쇠약해진 틈을 타서 긴 시간을 가스라이팅을 당한 시기이기도 하다. 가만히 있어도 생기는 것이고 하늘의 선물인 임신인데 나는 계속 아기를 달라고 떼를 썼다. 급기야 무기력해지고 예민해졌다.

그 후 상담사가 되고 나니 이런 약하고 두려운 시기에 사람을 만나는 것보다 책을 보고 공부를 했으면 더 행복하게 20대와 30대를 보냈을 텐데 하는 아쉬움과 후회남는다.

이런 나의 마음을 스스로 달래면서 나는 내가 누구인지 생각하고, 내가 사랑하고 좋아하는 것을 하면서 서서히 자존감도 회복이 되었다.

나는 강의나 상담을 통해 많은 사람을 만난다.

우리가 힘들 때 사람 찾아가면 더 힘들다는 것을 나는 안다 그냥 버티는 자가 이기고 그냥 자고 먹고 쉬는 자가 이기는 것이다. 사람은 사람이다.

때론 편협하고 자기중심적이며 착한 척하고 예쁜 말로 포장하는 것이다.

나도 그렇고 너도 우리도. 그래서 내가 좋은 사람이 되도록 무던히 애를 써야만이 이 세상을 똑바로 보고 멘토 역할을 할 수 있다.

어떤 리더가 되어야 하나? 얼마 전 한 신부님이 말씀하셨다 리더는 상처를 주지 않는다. 이 시대의 진정한 리더는 지혜롭고 용기가 있으며 상처를 주지 않아야 한다.

그리고 하브루타부모교육 연구협회 김금선 회장님은 리더의 덕목 중 자신을 통제하는 것을 자주 말씀하셨다.

나의 20대 후반에서 40대 후반 거의 18년을 나는 통제가 없이 살았다.

자유도 없고 지식과 지혜도 없이 두려움과 초조함을 가지고 살았다.

《내면 소통》의 저자 김주환 교수님은 몸과 마음의 모든 병은 두려움에서 비롯된다고 회복탄력성은 반드시 성공하겠다는 불굴의 의지나 집착에서 오는 것이 아니라 실패를 두려워하지 않는 마음에서 온다고 하셨다.

지금도 내 인생에서 가장 후회와 아픔의 시간이었다.

나는 변해야 했다. 나는 살아야 했다.

누가 나를 그렇게 했을까? 선택하지 않고 나를 믿지 않고 타인의 생각에 초점을 맞추고 엉망인 나의 시간들이었다.

늦지 않았다. 늦지 않았다. 흰머리가 나고 눈이 침침해도 늦지 않았다.

그가 돌아가시고 책이 남았다 내가 존경하는 이어령 교수님의 책에 이런 말이 적혀 있다. 하루하루를 농밀하게 살아라. 젊은이는 늙고 늙은이는 죽는다. 그래서 남겨라. 글로 남겨라.

얼마 전 이어령의 말은 그가 돌아가시고 평소 적으신 글이 책으로 나왔다. 그는 결코 죽지 않으셨다. 영원히 우리 곁에 남아 속삭인다.

나는 주로 강의 때 하는 말이 있다. 여러분 힘들어요. 내일은 없어요. 어제도요. 지금 오늘을 재미있게 살아요. 최선을 다해서 산다면 우리는 잘 살고 있어요. 자, 따라 해 보세요. 제가 오늘은 하면 좋은 날 하세요. 그러면 다 같이 좋은 날이라고 한다. 그럼 왜? 좋죠. 복을 받았잖아요. 어디서요?

나는 엄지 두 개를 하늘을 향해 올리고 다시 내 가슴으로 가지고 온다. 그리고 다 같이 크게 오늘이 왜 좋은 날이죠? 하면 복 받은 날 하고 크게 이야기를 한다.

　그곳은 아이러니하게 치매와 노인성 질환으로 거동이 불편한 분들이 대다수다. 하지만 나는 더 크게 외친다. 여기에서 같이 있잖아요. 함께 먹고 마시고 웃고 운동도 하고 하면서 분위기를 띄운다.

　맞다. 오늘이 좋은 날이다. 복 많은 날이다.

　하루만큼의 복이다. 이스라엘 출애굽에서 만나와 메추라기를 내려주실 때 남기지 않고 그날의 양식만 먹고 남는 것은 먹을 수 없었다.

　살아가면서 공부를 하고 나에게 질문을 하고 내 삶에 적용하는 것은 편협되고 고립된 곳에서 넓고 밝은 곳으로 인도 하는 것이다. 나를 믿어야 한다. 나를 만드신 이가 나를 나답게 만드셨다.

　신랑이 내게 해 준 말도 있다. "힘들 때 사람 찾아가지 말라."라는 말이다. 그 사람 때문에 더 힘들고 내가 푹 빠져서 그 사람의 종이 된다고 맞는 말이다. 나는 종교적으로, 병원 상담으로 그리고 내가 할 수 있는 모든 것을 총동원해 아기를 임신하는 것에만 정성을 쏟았다. 거의 미친 짓이었다. 나는 내가 해야만 하는 것에는 목적을 이룰 때까지 뿌리를 뽑으려는 성향도 있는 것 같다. 우여곡절 끝에 생긴 아기는 바로 유산이라는 아픔을 겪었으나 그래도 크게 상처는 받지 않았다. 문제는 기다리지 못하고 곧바로 아기를 가진 것이다. 자궁이 회복되고 몸도 회복될 시간이 필요한데 나는 또 나를 힘들게 했다. 나라는 존재는 이래도 된다고 생각했고 아기만 낳으면 된다는 생각으로 가득했다. 나

스스로 힘들게 하며 귀하게 여기지 않았다.

고통은 또 찾아왔고 마음은 더 급해지고 스스로 안달 병이 생겼다. 급기야 몸조리도 못 하고 마음도 상해서 거의 버티며 지냈다. 큰아이의 동생을 두 명 낳게 해 달라고 기도는 했으나 지금 생각하면 나는 믿음이 없고 그저 내가 원하는 것을 달라고 떼를 쓰고 주위 사람들을 힘들게 했던 시간이었다. 나는 욕심쟁이였다. 성경 말씀에도 '모든 것이 협력하여 선을 이룬다.'고 했다. 나는 기다리지도 못하고 말씀을 받아들일 수도 없어서 자기 연민에 빠졌다. 산부인과 기록에 남긴 1년에 세 번 임신 중 두 번 유산 끝에 아들을 낳았다. 유산하고 임신하고 아기를 낳는다고 나를 돌보지 않고 몸이 통통 부었다. 아기를 낳고 산후조리 중에 오신 친정엄마는 동생으로 아들을 낳은 것은 좋지만 자신 딸의 부은 모습을 보시고 집으로 올라가는 기차에서 울었다고 아직도 이야기하신다.

상담사가 되려고 했나? 나를 괴롭히는 것도 나다. 그렇게 하나둘 찾던 중 '왜?'라는 질문에 도달했을 때 나는 공부만이 살길이고 편협한 생각을 버리고 다양한 생각과 지식을 통해 올바른 선택을 하고 비판적인 사고를 가질 수 있다는 걸 알았다.

02

내 몸은 중요하지 않아

　아기가 잘 생기는 체질인 것이 분명하다. 둘째를 낳고 얼마 후 임신했는데 또 유산이 됐다. 이제라도 내 몸을 챙겨야 하는데 나의 무지는 나를 돌보지 않고 지나쳤다. 일이 바쁜 아빠를 대신해 큰딸이 많이 도와주었다. 몸무게 4.325kg으로 태어난 동생은 모유만으로 부족해서 분유와 혼합을 했는데 큰아이가 분유도 타고 많은 부분을 도왔다. 특히 동생을 많이 데리고 놀았다. 지금도 둘째는 누나를 좋아하고 잘 따른다.

　우리는 작은 주택에서 옹기종기 7년을 살았다. 내 기억에는 그 시간이 생기 있는 시간, 신이 내게 준 선물 같은 시간이었다. 이런 선물 같은 시간을 생각하면 나는 감사하지 않을 수가 없다. 시간이 지날수록 나의 몸도 서서히 회복되었다. 둘째가 3살 무렵 내 나이 36살에 셋째가 생겼다. 습관 유산 경험으로 임신 초기에 병원에 가서 유산방지 약을 먹었다. 그리고 앞으로 태어날 아기를 위해 더 큰 집이고 그리도 살고 싶은 지금의 아파트로 이사를 했다. 고생한 큰딸에게 침대와 책상도 사 주고 우리 부부는 집이 커서 애들이 어디 있는지 못 찾겠다며 좋아했었다.

그런데 임신 5개월에 노산과 유산 경험이 많아서 기형아 검사를 해야 한다고 했다. 검사 결과는 한 달을 기다려야 나온다고 했다. 나는 한 달 동안 마음 졸이며 두 배로 예쁘고 지혜롭고 건강한 아기를 낳게 해 달라고 기도했었다. 다행히 셋째는 건강하게 태어났다. 세 아이를 터울이 크게 낳은 나는 '내 몸은 중요하지 않아.'라고 하면서 산후조리도 제대로 하지 않고 아이들을 업고 안고 짐까지 들고 살림과 육아를 했었다. 나의 사고의 폭은 점점 좁아지고 마음도 변덕이 심해지고 자신감이 떨어져 갔다. 생각은 하지만 행동으로 바꾸는 일은 성과는 없이 흐지부지되고 계획한 일은 해 보지도 않고 눌러앉았다. 나는 점점 더 나의 삶을 주도하지 않고 타인을 위한 삶을 살았다.

엄마보다 나 되기

나는 점점 실존적 공허에 빠지고 있었다. 세 아이가 독립해 갈수록 채워지지 않는 내면의 공허함에 대한 해답을 찾으려 헤매는 시간을 보냈다. 마치 사춘기처럼 내적 갈등이 심했다. 나는 나의 자유 의지를 찾고 싶었다. 의미를 찾기 위해 발버둥을 쳤다. 내 안에 공허함을 찾으려 종교도 가지고 했지만, 찾으면 찾을수록 나만의 자유의지를 스스로 누르고 있는 나를 발견했다.

나는 나를 개방하기로 했다. 나의 성향과 기질. 그리고 나의 본성을 존중하기로 했다. 먼저 가식적인 옷부터 벗었다. 아닌 척, 착한 척, 예스맨인 척, 그리고 미안하다 죄송하다는 말의 옷을 벗었다. 그리고 입고 있는 이 옷이 누가 입힌 것인지, 내가 입은 것인지도 분별하기 위해 노력했다. 가족이나 친구도 나를 조금이라도 힘들게 하면 나는 그들과 거리를 두기 위해 노력했다. 프랭클이 말하는 인간만이 가진 능력을 적용했다. 그 당시에는 그렇게 해야 할 만큼 다급한 경고의 수준 상태가 나였다. '인간은 어떤 극한 상황에서도 자신과 분리한다.'는 그 말이 점점 체화되었다. 나만의 유머로 웃으며 하루하루를 보냈다. 가끔 기습해 오는 과거의 잔재와 세뇌된 기복 신앙들이 나를 힘들게 해도 나는 스스로 내 마음의 소리가 선택하는 쪽을 택했다. 그때마다 깨닫는 것은 인간이 스스로 천국과 지옥을 만든다는 것이다. 자유로운 나라에 살아도 스스로 지옥으로 느끼면 지옥이다. 그리고 같은 패턴으로 내가 스스로 타인의 종이 되는 것을 알았다. 당당하지 않을 이유가 없는데 미리 '나 죽었소.' 하는 자존감이 바닥인 상태로 타인을 대하고 있는 나를 발견한 적이 한두 번이 아니었다.

나는 《자존감 수업》이라는 책도 읽고 스스로 책을 만들어 나를 만들어 가는 작업도 시연해 보았다. 책을 통해 내가 존경하게 된 귀한 분들을 만나는 기회를 얻었다. 특히 한원주 의사님은 90세가 넘어서 현역으로 일하시며 자신보다 더 어린 환자를 돕는 어르신들의 사명감도 배웠다. 이런 분들은 뜨거운 열정을 불태우며 봉사하는 삶을 택하셨다. 그런데 나는 스스로 '나이 들어서 할 게 있나?'라고 생각하며 공허했던 나를 발견했다. 나는 그분들을 멘토로 여기며 나 되기를 연습했다. 나는 서서히 내 존재가 소중한 인간으로 바뀌고 있었다. 삶은 귀중하며 안락하다. 내가 지금 머무는 마지막 순간까지도 말이다. 자연이 우리에게 좋은 환경을 주었으므로 우리를 압박하거나 공연히 빠져나간대도 우리는 항의할 수 없다.

04

미안해, 사랑아

　어떤 날에는 나의 욕망과 원망들이 섞여 나를 혼탁하게 할 때가 종종 찾아온다. 밖에서 나의 마음 소리를 누르고 타인을 의식하고 피해의식 같은 것들이 습관처럼 밀려오기도 한다. 그런 날에는 아무것도 할 의욕도 없고 나를 지탱하기도 어려워 얼굴이 어두워진다. 그런 나를 거울로 보면 무섭고 우울해 보인다. 기쁨도 감사도 없고 감정도 메말라 웃음을 잃게 된다. 내적인 무거움과 현실에 없는 걱정과 상상, 이런 것들은 단언컨대 나뿐 아니라 가장 사랑하는 사람을 존중해 주지 못하게 하고 예민하게 대하게 만든다. 나는 그런 사람이다. 무엇이 귀한지 모르고 나의 감정에만 치우쳐 그런 인생을 살면서 마음의 짐을 이고 지고 아주 무겁게 살았다.

　남편은 긍정적인 사람이다. 아무리 힘든 일도 내색 없이 묵묵히 가정을 지켰다. 대우받고 존경받아야 마땅한 사람이다. 그도 일하랴 가장 역할 하랴 지칠 텐데 이런 나를 변함없이 포용해 주었다. 물론 다투고 힘들게 한 적도 있지만 그때마다 원인은 나의 상대를 지치게 하는 습관 때문이었던 것 같다. 그 사실을 받아들이고 나니 정말 미안한 사람이 신랑과 아이들이었다.

　타인은 오래도록 깊이 있게 기다려 주지도 진심이지도 않다. 어쩌면 타인은 남의 인생에 관심이 없다. 그런 타인에게는 바라지 말고 있는 그대로 보이고 기대하지 않으면 되는 것이다. 하지만 가족은 선물이다. 신이 나를 위해 준 선물이다. 미안한 날이 많았다고 자책하며 어두운 모습을 보이며 또 미안해하지 말고 이제부터라도 자신 있게 사랑하자.

05

상처에서 배우다

　배움이란 언제 일어나는가, 어떻게 일어나는가? 무지에서일까? 아니면 갈망, 욕망일까?

　어떤 이는 사고가 빠르게 움직여 좋은 길을 선택하고 어떤 이는 무엇을 해야 할지 모르고 허망하게 하루를, 일 년을 보낸다. 아니, 10년, 20년을.

　내가 그랬다. 무지 무모한 생각, 갇힌 사고, 편협한 무리 등등 수 없이 부정의 늪에서 나를 올린 것은 바로 상처였다. 상처라는 가면으로 나를 아무것도 못 하게 하는 불안들이다. 그러나 인간은 어떤 상황에서도 웃을 수 있고 밝게 하늘을 볼 수 있다. 매 순간을 부지런히 움직인다면……. 그런데 그럴 수 없다. 상처라는 가면이 내 얼굴을 가리니까.

　그럴 때 나는 집을 나선다. 그리고 미친 듯이 배우고 몰입한다. 오늘을 치열히 부딪친다, 나 살아 있다고. 나는 그래서 기차 타는 것을 좋아한다.

　아름다운 세상 자연을 보고 소리 내며 달리는 기차에 내 인생의 무게도 싣고 달린다. 철학자 김형석 교수님의 강의에서 사회자가 인생을 압축해서 말한다면 무엇이냐고 물었을 때 선아, 바로 내 이름이다. 선하고 아름답게. 선은 내면을 아는 외모의 아름다움이라 하셨다. 내 이름은 착하다, 좋다 선에 맑을 아, 바를 아. 다 맑은 근성이 있는 내가 왜 그토록 힘들게 만들고 살았지? 바로 나의 채워지지 않는 욕구와 무지에서 오는 갑갑함이다. 그래서 나의 상처를 아픔과 게으름을 공부로 치료하는 시간을 가졌다.

학부에서 상담을 전공하고 학회에서 의미치료 전문과정을 배우면서 미술심리를 배우면서 나와 내담자를 상담하는 기회를 가질 수 있었다. 내게 있는 모든 것에 감사를 하지 않을 수 없다.

그런데 내 생애 가장 감사한 것은 첫 아이를 낳고 힘들게 둘째 갖는 시기를 지나고 있을 때 친정에 있는 작은 시골 교회에 목사님께서 기도를 해 주셨는데 26년이 지난 지금도 내게 가장 감사한 시간이다.

선아 성도님, 아기를 달라고 힘들어하면서 기도하기 전에 먼저 감사하세요.

딱 그 말씀이셨다. 감사의 회복, 감사의 능력 그리고 신실하심을 믿는 것이다.

신앙의 모습은 각기 다르다. 내게는 그것이 기본이 된 셈이다. "원하기보다 먼저 감사하세요."

그런데 행동도 감사로 이어지는 삶은 어떤 삶일까? 곰곰이 생각한다.

나는 폰을 멀리하고 좋은 생각을 하는 게 감사의 삶인 것 같다. 폰은 시간을 낭비하고 공부를 방해한다. 또 집안일도 못 하게 하고 다음 날도 허겁지겁 그냥 살게 한다.

 그런 것에서 자유롭다면 많은 준비와 사고의 확장으로 내가 원하는 삶을 사는 것이다. 어떻게? 사는 것일까?

 책 읽기, 글쓰기, 수업 준비, 창의적인 작업 등 그런 준비로 나는 자신감을 얻을 것이고 나와 세상의 밝은 빛을 줄 수 있어 행복한 삶을 사는 것이다. 그리고 더 중요한 것은 부부 자녀 간 소통이다. 만약에 가정에서 아픔을 이겨 내고 밝게 산다면 그 사람은 이어령 교수님이 말씀하신 "세상은 늘 죽을 만큼 괴로운 것들을 넘어서야만 새로운 세계를 보여 준다."

 왜냐면 가정이 제일 힘들고 어려운 사람에게는 그 고비가 상처를 넘는 것이다.

 모든 것은 가정에서부터이다. 그런데 우리는 그것을 피하거나 사랑하지 못하고 사랑하지 않는다. 그러면 그때부터 모든 절망이 나를 기다리는 것이다. 공부를 하고 배우면서 더 상대를 이해 못 하는 것은 환경의 변화도 한몫한다.

 자녀 교육의 1순위는 부부가 잘 사는 것이라고 한다. 한국부모교육연구소 서유지 소장님이 늘 강조하시는 말씀이 있다. '부부가 먼저입니다'.

 왜? 가족이 사랑하지 못할까? 존중하지 못하는 것일까? 나를 사랑하지 않고 나를 믿지 못해서다. 나를 왜? 사랑하고 존중 못 하나? 그것은 바로 보호받지 못해서다. 그래서 우리는 그것을 넘는 사람 죽을 만큼

애써야 새로운 세계가 열리는 것이다.

  부부 상담을 하면서 배운 것은 가정환경이 문제가 될 때가 많았다. 부모에게 배운 방식으로 표현하는 것과 화를 못 참고 평소에 더 많이 짜증을 내고 부정적인 언어도 많이 사용했다. 그래서 쌓인 짜증이 용량이 차면 욱하는 것이다. 나는 그것의 이름을 분노인격장애 인성장애 비존중장애라고 붙여 보았다. 그런 사람을 상담을 했다.
  아주 심각 단계라 약물이 필요한 단계다. 그런데 절대 병원을 안 간다. 상담소라도 온 것이 다행이라는 아내의 말에 가슴이 먹먹했다.
  대한민국에 가정이 지금도 죽이니 살리니 싸우고 이혼하고 상처로 얼룩이 진 가정이 많다. 상담사로서 책임을 가지고 덤비기에는 나에게도 한계가 있었다.
  좋은 효과를 본 사례 중 하나가 기억에 남는다. 남편과의 불화로 신청한 부인이 의미치료와 미술심리를 통해 새로운 자신의 사명을 발견하고 다시 일어나서 세상을 자신의 일을 찾았던 경우다. 24시간이 바쁘고 집에서는 잠만 자고 싸울 시간도 없다고 웃었다. 상처의 조각들이 아물고 단단해지는 시간이어서 나도 행복했다.
  이래서 상담사의 길을 가는 것이 가슴 뛰는 사명감이다.

chapter4
....

글로 나를 만지다

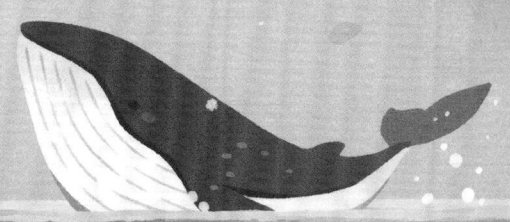

01

분홍색 오뚝이

오뚝이, 밑을 무겁게 하여 아무렇게나 굴려도 오뚝오뚝 일어서는 어린아이들의 장난감. 분홍색 아기가 커서 시집을 갔다.

오늘은 어린 엄마와 아기 그리고 분홍색 오뚝이가 생각났다.

그곳은 큰방 하나와 마루가 비닐로 감싸고 있고 아기와 엄마는 하루 종일 오뚝이와 같이 논다. 아기는 그곳에서 돌잔치며 걷기와 아기 때의 한때를 보냈다.

사람마다 아린 기억이 더 그리운 거, 우리는 그곳에서 무엇을 사랑했을까?

지금은 무엇을 사랑하고 있는가. 제대로 살고 있나. 이런저런 질문에 오뚝이가 말했다. "오뚝오뚝 하며 일어나야지."
분홍색 오뚝이가 웃는다.

02

춥지도 덥지도

커튼 속 방은 빛 한 조각 없는데 내 마음은 빛을 담았나 보다

음악이 흐르고

홀린 거처럼

모든 걸 지울 수 있게 해 준 포근한 밤

이대로 멈춘다 해도 내 생은 좋은 거라고 되뇌며 작은 아기가 되어 본다

강한 척 잘 아는 척 다 허상의 말들은 한 조각 바람인걸

커튼 사이로 들어오는 바람 같은 거 잡지 않으련다

03

나의 작은 공간

퇴근 후 소파에 이불을 깔고 누워
강의도 듣고 책도 보면서 힐링 시간을 가져 본다
소파 위에는 책들이 있고
바닥에는 신문이 깔려 있어도
이런 것까지 나의 작은 공간에 필수다
손만 내밀면 잡을 수 있는 작은 공간이다

아침 출근 전 소파에서 커피 타임은 하루를 열고 내가 할 일을 정리해 준다 이 시간이 있어 난 힘든 일도 즐기며 한다
때론 밖에서 지치고 힘들 때 이 공간을 생각한다

어쩌면 이 공간은 외로움 갈등 공허한 빈자리를 끌어안아 주는 나의 피난처인 것 같다

04

선물

딸아
네 동생들이 태어나기 전 넌 남동생 하나 여동생 하나
낳게 해 달라고 기도했어요
눈을 감고 기도했던 너

벌써 20년이 넘었네
성탄절이면
함께 카드도 만들고 긴 겨울엔 작은방에서
김치찌개랑 콩나물밥도 해 먹던 철없는 엄마와 속 깊은 딸
그 시절이 그립다

너의 기도 덕에 8년 차의 남동생
12살 띠동갑 여동생이 선물처럼 찾아왔지

그래 지금 생각하니

네가 동생을 안아 주고 놀아 주고 많이 봐 주었지 그리고 지금은 같이 네 방을 내주고 살고 있으니 참 네가 나의 선물 같다
 성탄절 선물 어떤 것보다 더 소중한 선물

05

콩나물국

콩나물에 소금을 넣어 팔팔 끓여 마늘 조금과 파를 넣고 건더기는 조금 남기고 건져 콩나물무침을 하니 맑은국과 콩나물무침까지 완성

국이 없을 때 나물이 없을 때
제일 편한
콩나물
너랑 함께 지지고 볶고 주방에서 지냈네

내일은 콩나물 대가리를 손질해 소고깃국에 넣어 얼큰한 육개장을 끓여 볼까 해 신혼 때는 시금치랑 콩나물무침, 멸치볶음, 김이 주메뉴였는데 물론 김은 들기름에 구웠지

작은 상에 노랑, 초록, 검정에 칼슘 왕과 김치까지 있으면 꽉 찬 상차림
나의 상차림이여
수줍게 웃던 미소와 함께 둘러앉은 한 끼

06

자판기 커피

도서관 자판기 300원짜리 커피가 땡긴다
얼음과 같이 블랙커피가 나왔다

친구와 마시는 커피는 웃고 수다를 떨지만 오늘은 혼자 그러고 싶었다

허전하다고 누군가를 의지하는 것도 참을 줄 알아야 한다
외롭다고 누군가에게 너무 잘해 주지 말자

종이컵 커피 한 잔이 홀로 서는 시간을 알려 주었다
오늘따라 자판기 300원짜리,
커피가 땡긴다

07

풍요 속에 빈곤

냉장고에는 사과 밭에서 따온 홍시 지인이 준 단감

배추는 친정에서 가져와 김장을 하고 쌀이 한 가마니 여기저기 먹거리가 풍성한

마트에 가면 나의 내적 허기를 채우려 라면을 산다 언제부턴가 커피 다음으로 손이 간다

나는 술을 못한다

그런데 요즘 술을 마시며 괴로움 등을 잊으려는 이들에게 다가가 술을 따라 주었다

내가 라면과 커피를 찾는 거처럼

풍요 속 빈곤에 허덕이는 이에게 건배

08

아기

"아기가 숨을 안 쉬네요" 의사가 배 위에 초음파를 꾹꾹 대면서 인상을 쓴다

잠시 후 간호사는 수술 날짜를 잡고 다음 환자를 부른다

계류 유산 처음 들어 본다

며칠 입덧이 없었는데… 이미 아이는 떠났다

닫히는 병원 현관 사이로 아기 울음이 들렸다

첫째 낳고 6년 만에 찾아온 아기라서 들떴던, 조심하지 않았던 내가 밉다

냉장고 앞에 서서 김치를 꺼내 밥에 얹어 먹었다

09

그리움

식탁에 반찬을 내놓고 나가는 내게 "엄마 요즘 우리한테 신경도 안 쓰고." 서운한 듯 건네는 아들의 말을 뒤로 한 채 차에 올랐다.

남행열차를 틀어 내 마음을 환기시켰다.

하루하루가 바빠서 집안일은 신경 쓰고 싶지 않았는데 이런 내 모습이 가족은 불편했을 것이다. 먹는 것보다 엄마가 그리운 것은 아닐까?

아이들이 나를 그리워하는 것처럼 나에게도 그리움이 몰랑몰랑 올라오는 장면 있다.

어머니는 아궁이에 불을 지피고 긴 한숨을 쉬셨다.

"너 고등학교 못 보낸다. 언니 따라 공장 가서 돈 벌면서 학교 가라. 가끔 집에도 오고."

아궁이의 불은 연기를 내고 재를 만들었다. 엄마의 한숨이 재가 되었다.

그 뒤로 나는 집도 꿈도 떠나 살았다.

그 그리움들이 나에게 속삭인다.

괜찮아. 너답게 살아!

그런 날이면 도서관에서 하루 종일 책을 찾는다.

"아들아, 너는 나를 그리워하고

나는 꿈꾸고 싶은 어린 소녀가 그립단다. 조금만 기다려 주렴."

10

감

"자, 받아. 감 하나는 잘 받네."
"이건 아주 크다. 너 먹어라."
감나무 밑에서 감을 받아 바구니에 넣는 나를 보고
신랑은 원숭이같이 잘 받는다고 했다.
"박 씨." 하고 던지면 이리저리 온몸으로 받는 것을 보고 한 말이다.

남편과 다툴 때는 덜 익은 감처럼 목이 메게 대들고 으르렁거리다 풀이 죽을 때는
받지 못해 굴러가는 감처럼 나도 덩달아 굴러가고 싶었다.
나는 상처 난 감을 주웠다. "아이, 아까워라. 천천히 던져요. 다 터지겠다."
"그거 하나 딱딱 못 받고 뭐하노."
'어디론가 처박혀 찾지 못한 것은 거름으로 남겠지.' 집으로 오는 길에 혼자 외로울 감이 생각났다.

아무도 없는 방 서른한 살에 여자가 웅크리고 있다.

감이 익어 갈 무렵 밝은 달이 미웠다.

배 속에 있는 아기도 지키지 못한 여자는 크게 울었다.

그때의 외로움이 밀려올 때쯤

"잘 익게 보관해서 장모님 갖다 드려야지." 신랑의 목소리가 들렸다.

잘 익는 것은 어떤 걸까?

나는 잘 익어 가고 있나?

감을 정리 하면서 이런저런 생각을 해 보았다.

바쁘다는 핑계로 나를 돌보지 않고 설익게 살지는 않았나 싶다.

이 가을에는 낙엽이 떨어지기 전에 외로운 감을 찾아야겠다.

11

휴지

남편이 퇴근을 하고 올 때까지

발자국 소리만 기다린다

이곳으로 와서 친구가 없다

혼자 방에서 자는 것과 남편 밥 챙기는 것이 나의 일이다

시장에 가는 길도 혼자다

길가의 휴지가 날아가고 있었다

친구를 찾으러 가는구나

나도,

이곳에선 당분간 내게 찾아온 홀로 시간을 견디어야 한다

30년

도시락통을 씻는 것이 하루 마무리다
신혼 때 반찬도 못 하는데 도시락을 싼다고
하루에 몇 번씩 시장에를 갔더랬다
옆집 신랑은 회사에서 밥을 먹는다는 말에
복도 많다라고 했다

도시락통들도 바뀌고
반찬도 달라졌지만
싸는 사람과 먹는 사람은 같다
문득 옆에 있어 준 신랑이 고맙게 느껴졌다

13

치킨 한 마리

치킨이 왔다

식탁 위에 손놀림이 빨라진다

갈증을 잊으려 냉장고를 여는 신랑

나무젓가락 챙기고 봉지 뜯는 내 손

잠깐!

인증샷 하는 딸

이 장면은 어느 가정에나 있을 거다

그런데 오늘은 특별한 치킨 한 마리

추운 날 밖에서 번 돈으로

마누라가 먹고 싶다니 시켜 준 치킨이

며칠간 서먹했던 둘 사이도

향기로 날려 보낸다

연신 고맙다

우리에게 누가 치킨을 사 주겠냐면서

그렇게 시작해서

서로 입에 넣어 주고 바싹바싹

씹어 먹는 행복의 소리

한 마리가 바닥이 나고서야

우리는 포옹으로 해피 엔딩

14

그날은 나도 차가워졌다

언니랑 둘이 살았다
우리는 퇴근하고 연탄불에 김칫국을 끓여 먹곤 했다
반찬은 따로 없었다

쉬는 날 우리는 가게에 가서 언니는 에이스 나는 야채크래커를 사서 먹곤 했다
언니는 에이스를 좋아해서 담백하게 살고 나는 야채 맛처럼 어울리며 살았다

손발이 찬 언니는 내 몸에 딱 붙어 몸을 떨었다

동생들이 엄마가 싸 준 쌀과 반찬을 가져와 콩나물국을 끓여 주고
떠난 밤엔 언니 몸은 더 차가웠다
그날은 나도 차가워졌다

15

나무사랑

부드러운 사랑 앞에서도 좀처럼 녹지 않는 사람아
고집과 아집으로 성을 쌓는 딱딱한 사람아
슬픔도 아픔도 모른 채 냉담한 사람아

다가가기 전에는 먼저 맘을 열지 않는 사람아
그런 너의 사랑이
한 사람 때문에
웃기도 하고 울기도 하는구나
울 때는 엄마처럼 안아 줄게

웃을 때는 더 크게 웃어 주고
나무도 딱딱하지만
잎과 열매는 부드럽지 않은가

너의 겉모습은 딱딱하나
네 자존심 뒤에 외로움과 연약함이 잎과 같구나

16

그런 네게

웃어라 밝아라 맘을 넓혀라
하지 않을게
그냥 변하지 않는 그 모습으로 있어 줘

내가 다가갈게
내가 안아 줄게
딱딱함이
녹지 않아도 괜찮아

부드럽게 감싸 줄게

17

채워지는 사랑

사랑을 제대로 못 받았다고
해서
다 사랑을 하지 못하는 것은 아니야~
나의 눈이 나의 마음이
나의 귀가
급해서 깊이를 알기에 부족했던 것은 아닌지

네가 사랑이 필요로 할 때
그 대상은 힘들고 아픔이 있어서 널 생각 못 했을 거야
네가 힘 빠지고 맘이 지칠 때
그 상대는 다른 고민으로 힘겨루기를 하고 있어서 널 못 본 거지

사랑은 돌고 돌아
네가 생각도 못 한 곳에서
보너스처럼 널 웃게도 행복하게도 하지

그래

즉시 사랑을 못 받았다고 해서

다 사랑을 못 하는 것은 아니야

기차에서

기차를 탔다

신문과 책을 가방에 넣었다

커피와 비스킷을 먹으며

읽어 내려가는 책 속의 내용이 가슴에 와 닿는 것은

그간 피하고 싶은 모든 시간들을 달리는 기차에 내려놓았다는 것이다

우리는 누구에게도 소유되지 않는 그저 나인 것이다

그날 기차에서

내려놓은 것은

바로 나,

무거운 옷을 벗었다

19

추억이란 이름

얼마 전 둘째 언니랑 통화를 했다

결혼 전에 우리는 집을 떠나 낯선 도시에 방을 얻어 최소한의 주방도구와 방 안엔 옷과 이불을 넣을 수 있는 옷장이 전부였는데 나랑 네 살 터울 언니는 그 속에서 늘 꿈을 키우고 현실에 안주하지 않고 지금보다 더 나은 내일을 준비했고 여러 분야에 책을 늘 읽었다

난 그 책 겉표지를 외우면서 살았다 심리학, 철학, 인문학 심지어 미술, 한자 책까지 그리고 일 끝나고는 피아노 학원과 독학으로 공무원 준비까지 나는 그 속에서 언니의 교훈과 잔소리만 들어도 겉은 이미 지식인이 됐다 책 겉표지처럼 말이다 언니랑 통화는 길어졌고 30년이 넘은 이야기를 어제처럼 느끼며 우린 젊은 날을 회상했다

현재 언니는 자기가 그렇게 말했던 평생직장 공무원이 되어 정년을 몇 해 앞두고 있다 그리고 그 후에 삶도 조금씩 준비하려는 참이란다 나의 멘토로 지금도 흔들림 없는 언니가 그리웠는지 나는 몸이 아프고

말았다 치통처럼 며칠 지나면 낫는 진통인데 문제는 향수가 진하게 밀려오면서 마음과 몸 앓이를 하고 있다

　지금은 그때랑 비교할 수 없이 넉넉한 생활임에도 딱 한 가지 먼 기억 속에 추억이란 이름이 외롭고 허전함을 부추기고 있을 때 언니에게 문자와 선물이 왔다

　선아야 지난 것들은 많은 아쉬움과 그리움을 남기지 행복하게 살다 보면 언젠가 참 아름다운 시간들로 기억될 거야

20

애쓰지 말아요

진실을 이야기하려고 애쓰지 않아도 괜찮아

사람들에게 다가가려 애쓰지 않아도

괜찮아

명예를 얻으려고 애쓰지 않아도

괜찮아

오늘 내게 햇빛과 맑은 공기 그리고 따뜻한 집

빵 한 조각과 커피로도 많은 걸 채울 수 있으니

너무 애쓰지 말아요

욕심

욕심 중 상처로 여운이 남는 것은 사람 욕심 같다
더 사랑하려고 퇴색한 집착도
다 친해져야 한다는 착한 콤플렉스로 지친 감정노동도
엇갈린 인연에 연연해 현실을 외면한 도피도 욕심이었다
오늘은 창밖에 푸른 나무와 하늘을 보며 욕심으로 스치고 지났던 그들에게 감사를 넘어 감격이 맞을 듯 늘 가까이 있는 행복을 사랑하는 것이 욕심은 아닐 테지~

22

굿

다 잘될 거야

잘되고 있어

다 좋을 거야

좋아지고 있어

내 눈을 봐 웃고 있잖아

내 입을 봐 미소 짓고 있어

내 마음이 느껴지니

너를 좋아하는 소리

이름

아빠 나이 스물여덟
착하고 바르게 자라길 바라시며
선아라고 불러 주셨네

세월이 흘러
사람들에게
이름이 예쁘다는 소리를 종종 듣곤 했다

아빠 나이 여든여섯
이때까지
나는 이름대로 살아갈 때와 반대의 삶을
살 때도 있었다

어쩜
우리는 이 두 가지를 선택하면서

살아간다

내 이름이 바르게 사용될 때
소박한 웃음을 짓고
더 예쁘게 산다는 걸
난 알고 있기에
이 밤
선아라고 불러 본다

신부동의 여인들

그랬다

그땐 그것이 전부였지

아마도 힘든 걸 잊으려 웃고 떠들고 노래 불렀는데

그것이 추억이 되어

삶을 지탱하는 버팀목이 된 거야

하나

둘

떠난 빈자리를 아쉬워하며 나도 짝을 만나 떠날 때

신부동 너는 덩그러니 그리움을 피운 채 우릴 기다렸구나

바로 오늘을,

chapter5
....

작은 것의 힘

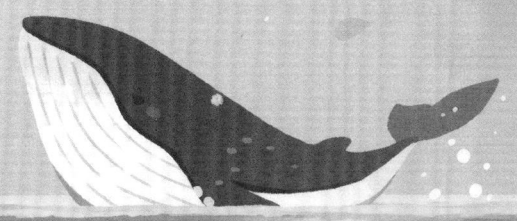

01

내가 좋아하는 것

　나는 내가 좋아하는 것이 무엇인지 잘 모를 때가 있다. 그리고 내가 좋아하는 척을 하는 것인지 진짜 좋아하는지를 구분하기 힘들 때가 있다. 내가 심리 공부를 한 것도 이런 이유 때문일 것이다. 내가 무엇을 좋아하고 내가 무엇을 싫어하는지 알고 싶었다. 때로는 내가 이런 말을 하고 싶지 않은데 왜 이런 이야기를 했을까? 궁금했고, 내가 주도적으로 사는 것이 아니라 타인에 의해서 좌지우지됐던 것 때문에 스트레스를 많이 받아서 심리 공부를 시작했던 것 같다.
　내가 좋아하는 것은 지금도 헷갈린다. 내가 무엇을 좋아하는지, 내가 무엇을 기뻐하는지 궁금했었다. 내가 좋아하는 것은 무엇이 있을까? 이 궁금증을 가지고 내가 좋아하는 것을 찾기 위해서 따라가다 보니 지금 아침에 일어나서 나의 하루를 생각하게 되었다. 나의 하루를 아침에 리허설했을 때 '내가 정말 좋아하는 것일까?'를 생각한다. 그런데 그 생각을 반복하다 보니 나는 내가 지금 하는 일, 그 일을 하는 내가 좋고 설 다. 이 일은 아마도 나에게 천직인 것 같다. 나는 어린이집 교사를 12년 넘게 하고 있다. 아이들과 함께 놀고, 아이들과 함께 지내는 그 시간이 나는 정말 좋다. 나는 내가 좋아하는 일을 직업으로 삼는 것이 참 축복이라고 생각한다. 내가 좋아하는 일이니까 일이 힘들지 않고 일을 가는 게 지겹지 않다. 가끔 월요일 날은 가기 싫을 때가 있다. 그것은 어쩔 수 없다. 그런데 가기 싫었을 뿐이지 막상 가면은 아이들과 함께 너무 재밌게 지내다 온다. 내가 좋아하는 일은 내가 지금 하는 일, 직업에서 하는 일을 좋아한다.

그리고 또 내가 좋아하는 것이 있다. 그것은 고속버스 휴게소다. 신랑과 친정 갈 때 거리가 멀어서 2시간 반씩 고속도로를 탈 때, 가끔 휴게소에 내려 커피 한 잔 마시기도 하고 또 이것저것 먹거리를 고르러 갈 때, 나는 너무 행복하고 좋다. 작은 일이든 큰일이든 일단 밖에 나와 고속버스 휴게소만 가면 어딘가 모르게 내가 붕 뜬 느낌이 든다.

나의 그런 기분을 잘 아는 신랑은 항상 고속버스 휴게소에 들러서 "우리 차 한잔하고 갈까?", "너 먹고 싶은 거 뭐 있어."라고 물어봐 준다. 그 순간 나는 차에서 내리며 너무 행복하다. 내가 좋아하는 것이 정말 단순하지만 어쩔 수 없다. 좋아하기 때문에.

02

소중함

  34년째 결혼 생활을 하고 있다. 나는 교회에 다니고 신랑은 교회를 가지 않는다. 일주일에 한 번만 쉬는 그를 위해 나는 아침에 일찍 9시에서 10시까지 예배를 드리고 그와 함께 있는 시간을 많이 가지려고 노력한다. 이제 아이들은 아이들대로 각자의 삶을 충실하게 살기 위해 독립하여 타지 있기 때문에 우리 부부 둘이 있는 시간이 많아졌다. 그 중에서도 예배가 끝나고 나면 남편이 교회로 데리러 올 때 나는 신랑의 소중함을 느낀다. 남편의 차를 타고 나를 데리러 오면 우리는 햇살 좋은 날 남편이 나무를 기르는 밭으로 간다. 그 밭에서 내려다보면 앞은 산이 보이고 뒤에는 나지막한 나무들이 많다. 때로는 그곳이 나의 정원처럼 느껴진다. 참 포근하다고 느껴진다. 햇살이 가득한 곳에서 햇볕이 내리쬐는 날 남편은 내게 말했다. "여기에다가 집을 지으면 참 예쁘겠다." 공기도 좋고 또 산이 있어서 너무 좋다고 했다. 나는 "여기서 책을 보고 싶어." 했더니 신랑은 의자를 가지고 와서 햇빛이 비치는 곳에 의자를 놓아 주었다. 나는 햇살 좋은 날 의자에 앉아 책을 보면 너무 좋다. "이 앞에 보이는 곳이 우리가 마음껏 볼 수 있는 정원이네. 여보.

이곳에 창문이 나오게 하면 좋겠어. 햇살이 참 따뜻해."라고 했다. 남편은 날마다 그곳에 집을 지을 생각을 한다. 지금은 아파트에 살지만 남편은 언젠가 이곳에 집을 짓겠다고 날마다 유튜브로 집 짓는 걸 보고 어떻게 짓는 게 좋은지를 상상한다. 그 상상만으로도 남편은 행복한지 나에게 항상 언젠가 주택에 가자고 이야기한다. 사실 나는 아파트가 편한데 이제까지 나를 위해서 기다려 주고 참아준 남편을 위해서. "그래. 당신이 그렇게 좋다면 집을 지어요. 반대하지 않겠어. 당신의 소원이라면 그렇게 하자." 하면서 내가 남편에게 말했다.

또 나와 남편은 일주일에 한 번 데이트할 때 가끔 맛집을 간다. 남편과 나는 식성이 비슷하지만, 항상 메뉴를 나에게 고르게 한다. '선아야, 네가 먹는 걸 좋아하니까 나는 네가 먹는 것만 봐도 행복해. 네가 먹고 싶은 걸 골라.'라고 하며 항상 양보하는 남편이다.

우리는 그렇게 알콩달콩 다시 신혼으로 돌아간 느낌이다. 때로는 치열하게 다투고 또 치열하게 외롭게 만들고, 또 서로의 분이나 화를 풀지 못하고 지냈던 일도 많았다. 하지만 이제는 젊어서 그런 일들은 나의 목소리와 남편의 목소리를 내고 자신의 입장에서 주장했던 것이라는 것을 이제는 안다. 우리는 살면서 이론으로는 알아도 실천이 되지 않을 때가 많다. 그게 인생인 것 같다. 이제는 서로가 마음이 편하고 기분이 좋을 때 그 순간의 행복을 느끼기로 했고, 또 다투면 다투는 대로 그 괴로운 시간을 맛보는 것도 인생이라는 것을 알기에 그날 충실하게 삶을 살아 나갈 것이다.

03

나의 습관

 나는 타인에게 부정적인 어떤 말을 들으면 너무 쉽게 내 마음에 저장하는 습관이 있다. 한국의미치료학회 부회장이신 박상미 교수님의 《우울한 마음도 습관입니다》라는 책 제목처럼 우울한 마음을 습관적으로 유지해 왔다. 어쩌면 내가 살아온 삶이 그렇게 힘든 삶도 아니었는데, 내가 감당하기에 무게가 아주 무겁게 느껴졌다. 그래서 나는 그 무게를 덜고 싶은 마음으로 상담 공부를 하려고 한국의미치료학회에 문을 두드렸던 것 같다. 나의 이런 생각의 패턴들은 도대체 누가 만들었던 것인가? 나는 남 탓하는 말을 많이 사용했었다. 그런데 부정적인 말을 내 마음속에 저장하기보다는 내 모습 있는 대로를 사랑해야 하고, 남 탓하는 습관을 고치고 있는 그대로 모습을 받아들여야 한다는 것을 의미치료를 공부하면서 깨닫게 되었다. 그런 생각들이 훈련되고 나니 내 마음이 훨씬 여유로워졌다.
 상대의 내면 상태가 파악되고 나면 그 사람 입장에서 내가 이야기를 들려줘야겠다고 생각했다. 그것은 그 사람이 옳기 때문에 들려주겠다고 하는 말은 아니다. 그 사람이 이야기하는 사실을 가지고 같이 이야기를 나누다 보면 그 사람의 마음을 읽게 된다. 상대는 이야기하면서 그 자체만으로도 벌써 많이 해결되는 것을 느꼈다. 내담자의 고통을 귀하게 여기며 공감하고 들어 주는 그것이 바로 로고테라피에서 말하는 핵심이다.

나의 재능

  나는 재능이 없다고 생각했다. 그리고 다른 사람의 재능을 보고 부러워했었던 것 같다. 아니, 부러워한 것이 아니라, 잘하는 모습을 보며 기가 죽었는지도 모른다. 나는 어떤 재능을 가지고 있을까? 곰곰이 한번 생각해 보았다. 나는 여러 분야에 관심이 많고 새로운 것을 배우는 걸 좋아한다. 이것도 조금, 저것도 조금 다양한 분야를 경험하고 배우고 익히는 것을 좋아하는데 나는 그것도 재능이라고 생각했다. 완벽하게 하지는 않지만, 이것도 조금 할 수 있고 저것도 조금 할 수 있는 거. 그것 또한 재능이 아닐까? 그리고 나의 또 하나의 재능은 처음 본 사람들한테 다가가서 상냥하게 인사하는 것이다. 그가 낯선 곳에 왔을 때 내가 먼저 손을 내밀고 인사를 나눈다. 그것은 나의 재능이자 어떻게 보면 특기일 수도 있다는 생각이 든다.

  나는 어느 곳에 가든 낯가림이 없다. 그냥 그 시간에 사람들과 금방 친해지는 그런 재능을 가지고 있다. 그리고 이 사람은 무엇이 불편할까? 저 사람은 무엇을 좋아할까? 하는 것들을 바로바로 스캔하는 재능이 있다. 그래서 사람들과 잘 친해진다. 그리고 나의 그런 재능을 사람들이 너무 좋아한다. 자기들은 그런 게 없다고 하는데 '정말 없을까?' 다 있는데 그것을 표현하지 않았을 뿐인 것 같기도 하다.

때로는 그런 친근한 표현을 조절하려고 노력하기도 한다. 내가 너무 나서는 건 아닌지 '저 사람들에게도 시간이 있을 텐데… 내가 그 공간을 너무 좁히려고 하는 건 아닌지 물 흐르듯이 내버려둘 수도 있는 건 아닌가?' 하는 생각이 들어서 요즘 고민이 되었다. 그런데 우리 신랑이 나한테 이런 얘기 했다. "네가 하고 싶으면 하고 하기 싫으면 안 하면 되지. 그걸 가지고 뭘 신경 쓰냐."라고. 그리고 "선아야, 너는 사람들을 확 홀리게 하는 게 있어. 그리고 그게 또 재미있단다. 그러니 그런 거 신경 쓰지 말고 네가 하고 싶은 대로 해." 그래 우리 신랑이 말해 주니까 나도 어깨가 으쓱해졌다. 그래서 나는 나의 재능을 처음 본 사람들한테 인사하고 그가 무엇 때문에 불편하고 그가 뭐가 어색한지를 판단해서 그와 함께 이야기 나누는 게 나의 재능이라고 나는 말하고 싶다. 막상 나의 재능이라고 이런 내용을 쓰니까 좀 우습기도 하지만 '그래도 그것도 재능이라고 생각하면 재능이니까!' 나는 그것이 나의 재능이라고 하는데 그 재능은 이름을 붙이기가 참 곤란하다. 사회 친화력?! 사회성 발달?! 관계 조율의 달인?!

chapter6

일상에 숨어 있는 심리

나를 만나요

　타인을 만나기 전에 먼저 나를 만나자. 내가 지금 다른 사람을 만날 것인지, 오늘 밖에 나갈 것인지, 도서관에서 책 읽을 것인지 아니면 마트에 갈 것인지 여러 가지 할 일들 중에 우리는 무엇을 할지 선택을 한다. 당신은 여러 가지 선택지 중에 타인을 만나는 선택이 많지는 않은가? 우리는 타인을 만나기 전에 나를 만나야 한다. 나를 만나 보라. 내가 지금 어떤 감정을 느끼고 있는지? 내가 지금 진짜 하고 싶은 것은 무엇인지? 나는 지금 누구를 만나고 싶은지? 먼저 생각해 보았는가? 주어진 선택지에서 판단하고 선택하는 것들이 타인 중심이 되면 안 된다. 내 마음에 물어보고 선택해야 한다. 집에 있을 때는 누구랑 있나? 가족들과 지낼 때도 있지만 혼자 있을 때가 있다. 그럴 땐 나는 누구랑 노는가? 나랑 놀아야 한다. '나 이거 하고 싶은데….' 하고 내 마음의 선택에 따라 주어도 된다. 자고 싶을 땐 자도 된다. 가족을 위해 늘 깨끗한 집을 유지하기 위해 청소해야 하는데 매일매일 깨끗해야만 한다고 생각하는 건 너무 무리인 것 같다. 내가 좀 하고 싶을 때 하면 어떤가? 그 대신 평소에 조금씩 해 놔야 한다. 몸도 마음도 지쳤을 때는 조금씩 청소하는 것조차도 힘들지만 내가 나에게 충실하고 내가 나를 만나고 내 마음이 회복이 되면 청소하고 싶을 때가 있다. 그럴 때 청소를 하면 되지 않을까?

02

코드가 맞는 사람

　나랑 코드가 맞는 사람을 발견하자. 인생에 행복하고 짧은 시간을 헛되이 보내지 않으려면 나와 코드가 맞는 사람을 발견하고 그들과 친하게 지내야 한다. 그들을 가까이 두자. 그들이 멀리서 살아도 괜찮다. 거리가 멀어도 소통할 수 있다. 거리와 상관없이 나와 코드가 맞는 사람들을 많이 사귀는 것을 추천한다. 당신과 생각도 같고 결이 비슷한 사람을 만나면 공감대도 잘 형성되고 서로를 달래 주는 데 진심으로 느껴질 것이다. 코드가 맞지 않는 사람과 많은 시간을 빼앗기다 보면 결국은 내 에너지가 소진되고 내 몸이 상하고 시간만 낭비하는 그런 일이 벌어질 것이다. 그렇다고 해서 그것에 대해서 죄책감을 느낄 필요는 없다. 그 사람은 그 사람과 맞는 코드랑 어울려야 행복한 사람이고, 나는 나와 코드가 맞는 사람이랑 있어야 행복하기 때문이다. 이런 사람과 어울리기 위해서는 일단 상대한테 너무 많은 것을 바라지 않아야 한다. 같이 웃고 이야기하고 같이 맛있는 것 먹고 같이 이야기 들어 주면서 신나고 즐겁게 보내면 된다. 그런 관계는 자연스럽다. 누구를 가르치려고 하지도 않는다. 서로의 단점도 지적하지 않는다. 그냥 그 사람 있는 그대로를 사랑하기 때문에 말을 많이 하지 않아도 된다. 눈치를 보며 무엇을 맞춰 주려고 하지 않아도 된다. 나와 잘 맞는 그런 사람과 함께 있으면 너무 편하고 행복하다는 생각이 든다. 주변 사람 중 코드가 맞는 사람이 있는지 생각해 보고 그 사람들과 잘 지내 보자. 너무 애쓰지 않아도 괜찮다.

03

부정적인 사람을 피해요

　부정적인 말을 하는 사람과 거리를 두자. 말끝마다 부정적인 말을 하는 사람의 생각은 부정적이다. 생각이 부정적이면 그 사람의 행동도 부정적이다. 그래서 함께 있는 자체만으로도 벌써 숨이 찬다. 부정적인 사람들은 말끝에 '아니'라는 말을 많이 쓴다. 또한 그들은 다른 사람의 말을 좋게 하지 않는다. 그런 사람이 주변에 있으면 거리를 두는 것이 좋다. 부정적인 생각은 물들기 쉽다. 그 생각에 물이 들어, 내 일상에도 부정적인 생각들이 자리 잡는다. 결국 편하게 쉬어야 할 집에까지 부정적인 생각과 말을 가지고 들어가게 된다. 그 영향으로 집에서도 마음이 편하지 않고 한참을 또 쉬지 못하고 마음이 편치 않은 경험을 많이 했었다. 그래서 생각이 부정적인 사람, 부정적인 말을 많이 하는 사람을 멀리 두라고 얘기하고 싶다. 귀를 조심하고 말을 조심하면서 그 사람과 거리를 두는 것을 추천한다.

두려움에 대해

 나는 두려움이 외부에 있는 것이 아니라 나의 내면 깊숙한 곳에서 나온다고 생각한다. 그 이유는 나의 내면 아이가 경험한 부정적인 일이나 부정적인 사고들이 차곡차곡 쌓여서 현실에서 내가 무슨 일을 할 때 '또 그때처럼 실패할 거야.', '그날처럼 엉망이 될 거야.', '저 사람은 역시 나에게 상처를 줄 거야.'라고 일어나지도 않은 일을 추측하면서 두려워하기 때문이다. 내면의 아이가 두려움에 떨고 있을 때 나는 불안하다고 느끼는 것 같다. 불안의 요소는 내가 만든 것일 수 있다. 이미 지난 일이면 그것을 잊어야 할 것 같고, 내면에서 새롭게 좋은 것으로 채워야 하는데 그게 생각처럼 쉽지 않다. 그렇게 두렵고 불안한 생각이 들 때 나는 내가 좋아하는 것을 하고 내가 좋아하는 것을 먹는다. 그런데 먹으면 살이 찔까 봐 또 두려움이 몰려온다. 하지만 살찌는 것에 대해 속상해하지 말자. 뇌에 좋은 것을 주었다고 생각하고 즐거웠기 때문에 두려움과 불안을 잊고 나서 다시 시작하면 된다. 불안과 두려움이 사라진 마음에 웃음, 행복했던 시간, 기뻤던 것들로 풍성하게 채워 주자. 이것이 나의 두려움과 불안을 잊고 한순간 미소 짓는 비법이다.

'나쁜 일은 좋은 일이다.'라는 말이 있다. 잊지 말자! 나쁜 일이 일어났지만, 두렵고 불안한 마음을 잘 이겨 내면 좋은 일이 될 수 있다. 성경 전도서 3장 11절에 '하나님이 모든 것을 지으시되 때를 따라 아름답게 하셨고'라는 말씀이 있다. 세상을 살며 '아름답다, 행복하다, 감사하다, 고맙다.'라는 말을 반복하면 마음도 편안해진다.

05

심심할 때가 가장 평온하다

    우리는 일상에서 늘 누군가와 함께 있거나 수다를 떨 때보다 그냥 혼자 있는 시간이 더 평온하다는 것을 느끼지만 허전함이나 소외감 때문에 끝없이 인터넷이나 여러 사람들과 공유하기를 좋아한다. 어느 날 문득 내게 이런 생각이 들었다.

    그날은 모임에서 회식을 하고 집에 돌아왔는데 나도 모를 허전함과 공허가 찾아왔다.

    분명 그 자리는 화기애애한 분위기 속에서 많은 대화와 웃음으로 보낸 시간이었는데 말이다.

    가끔은 모든 것을 뒤로하고 내가 만든 힐링공간과 시간이 필요한 것을 그날 느꼈다.

    그렇다고 관계를 끊어 버린다는 것은 아니다.

    이해관계의 실타래를 푸는 시간에 내면의 시간과 마주치는 이런 일상이 평온함인 것이다.

06

좋아졌다고 방심하면 더 크게 상처받는다

이를테면 그 사람이 그 전과 많이 좋아졌고 또 그 전에 자주 화를 냈는데 이제 자주 화를 안 낸다.

정말 많이 좋아졌다. 그랬을 때 더 일이 커질 때가 있어요.

방심을 하게 되거든요.

그 사람이 좋아진 만큼 나 또한 그 사람이 좋아진 걸 인지하고 또 좋아졌지만 또 어떻게 될지 모른다는 걸 인지하고 대하든지 아니면 내가 완전히 그 사람이 좋아진 걸로 인하여 그 패턴을 맞출 것인지 아니면 불쑥 그 사람의 다른 변화가 또 올라왔을 때를 대처할 수 있는 능력이 되든지 그러지 않으면 그전 것보다 더 상처를 받을 수밖에 없다.

왜 더 상처를 받을까요. 좋아졌는데.

그 전에 것이 아직 아물지 않아서입니다.

그런 사람하고 살았을 때는 많은 상처를 이미 안고 있어요.

거의 70~80%가 이미 찼어요.

더 이상 상처가 들어올 수 없을 만큼요.

그 사람에게

입은 상처가 말이죠.

그래서 잠깐 좋아졌다 해도 본성은 잘 바뀌지 않아요.

본성은 잠깐 바뀐 것처럼만 보여요. 죽기 전까지 잘 바뀌지 않는다고 저는 봅니다.

그랬을 때 그 밑바닥의 본성이 다시 일어나서 그 전 거에 비해서 더 세게 나올 수도 있고

아니면 약간 덜 세게 나와도

이미 상처받은 사람은 그 사람 얼굴과 그 말투만 봐도 이미 속에서 구토가 날 정도로 힘듭니다.

그런 경우를 너무 허다하게 많이 겪어 본 사람은 이미 너덜너덜하게 된 거죠.

그래서 신체적인 반응으로 혹시 이런 게 나타날 수 있어요.

자다가 숨이 찰 수도 있고

잘 지내다가도 우울감에 젖어 버리는 날이 있어요.

그런 날을 겪은 날은요. 그래서 제가 하고 싶은 생각과 행동은 이거였던 거예요.

분리시키자. 분리시키자. 그 사람이 잠깐 잘해 줬던 거 또 기분이 좋아서 하하호호 하면서 장난쳤던 그에 대해서 분리시키자. 차라리 거리를 두고 분리를 시키고 내가 할 수 있는 하루의 시간 24시간을 아름답

고 기쁘게 내 안을 충족시키자. 그랬을 때 제게 평안을 찾아온 것을 경험할 수 있어요.

그렇다면 왜? 그 사람 때문에 억울해하고 속상해합니까. 바로 그것은 내가 내 자신을 방치했던 그 시간 동안에 습관도 그렇고 모든 아픔도 그렇고 그로 인해 슬픔으로 가득 차 있기 때문입니다.

사람은 오해를 받고 자기가 오해받은 것을 증명하지 못하게 하는 그런 행위를 받았을 때 사람은 참기가 힘듭니다.

그 단계가 어떻게 보면 마지막 단계일 수도 있어요.

우리가 살아가면서 이 마지막 단계 그래서 저는 그 단계를 연습하기 위해 날마다 책을 읽고 글을 쓰고 나를 사색하고 세상을 돌아봅니다.

참 슬프죠.

그렇게 그것 때문에 그런 행동을 하는 게 참 슬프지요. 그렇지만 그렇다고 포기하고 내려놓을 인생은 아니잖아요.

그래서 저는 이 아픈 고통에서 허덕이고 힘들어하는 그런 관계 특히 가족 관계, 남편 관계, 그런 관계에 힘들어하는 사람들이 너무나 많은 우리 현실인 거를 저는 인지합니다.

살아있다는 것은 시간을 통과하는 것이죠. 그들이나 내게 맞는 삶의 의미를 부여하면 살아가는 상담사가 되어야겠다고 다짐합니다.

chapter7

촉촉한 날

2022년 8월 22일 월요일,
맑은 월요일

오전 5시에 알람이 울렸다. 나는 다시 알람을 25분으로 맞추고 잤는데 너무 행복했다. 내 몸에 엔돌핀이 나오는 느낌이라 할까. 나는 이런 포근한 게으름을 사랑한다. 미라클모닝은 말 그대로였다. 약 12명가량 서로 책을 읽는다. 전국 각지의 사람들과 서로를 잘 알지는 못 하지만 책을 같이 읽으니 속도를 내고 책을 완주할 수 있는 것에 감사했다. 학지사, 권석만 저자의 《현대심리치료와 상담이론》이다. 내가 읽을 차례에 유난히 영어가 많았지만 미리 읽어서인지 무난히 넘길 수 있었다. 맞다. 공부를 못하면 성실하게 미리 하면 되고 머리가 안 좋으면 반복 연습이 효과적인 것 같다. 컴퓨터 수업을 마치고 12시에 친구를 만나기로 했다. 함께 밥을 먹고 토론실에서 시를 낭송하는 시간을 가질 것이다. 저번에 다른 쌤이랑 같이 밥 먹고 토론실에서 생각 나누기를 했는데 참 좋았다. 서로 칭찬과 인정을 해 주고 그런 과정이 반드시 필요하고 그것은 에너지를 내는 마중물과 같다.

02

2022년 8월 23일 화요일, 화요일에 만난 은아

5시 반에 알람이 울려서인지 어제처럼 그렇게 일어나는 것이 힘들지는 않았다. 어제는 컴퓨터를 했다. 은아를 만났다. 참 좋은 아이 옆에서 고마워했다.

힘든 일을 겪으면서 은아는 단단해졌지만 몸도 마음도 아프다. 어제는 얼굴이 많이 수척했었다.

당이 올라서 운동과 식이요법을 하는 중이다. 그와 옆에서 컴퓨터를 배우고 쉬는 시간 함께 산을 보고 차를 마시는 시간은 행복했다. 일상의 작은 행복을 자주 느낄수록 우리 뇌는 엔돌핀과 세로토닌이 나온다던데 하며 나도 은아도 웃었다. 우리는 잠시 행복 호르몬을 느끼며 하하하 웃었다. 나는 확신이나 맹신을 싫어한다. 그 둘은 사람을 피곤하게 하니까. 그런데 이렇게 좋은 소소한 일상을 꾸준히 하다 보면 나도 상대도 행복해지고 건강해질 것 같은 생각이 들었다.

수업을 마치고 친구가 동사무소로 차를 가지고 왔다. 우리는 점심에 속초명태 코다리찜을 먹었다.

잠시 식당에 친구의 친구가 들어왔다. 그 쌤은 저번에 추어탕 먹을 때도 우연히 만났는데 이것도 인연이다. 친구는 음식을 담아주고 배려해 주었다. 잠시 따뜻한 온기를 느꼈다. 그게 사랑이다 말 없는 자연스러운 친절은 친구의 매력이다 우리는 차를 마시고 토론실을 찾았다. 친구는 편의점에서 달달한 커피를 찾았다. 나는 유산균 음료를 우리는 친구가 들어갈 강의수업을 토론했다. 친구는 준비를 성실하고 철저하게 했다. 그런 친구는 당황스러운 일이 생기면 고민이 된다고 했다. 나와 반대였다. 준비는 안 하고 실전에 유연한 나는 처음에는 잘하지만 기본이 미흡하면 오래가지 못하고 재능도 시들해지는 법. 나와 친구가 반반 섞인다면 완벽할 건데 '세상에 완벽은 없으니 서로의 부족을 채우자.'로 토론은 이루어졌다. 저녁 큰언니랑 통화는 길어졌다. 나는 언니에게 컴퓨터를 배우라고 했다. 언니는 스스로 하는 것이 두렵다고 했다. 그 이유는 어린 나이에 생계를 책임져야 했기에 자신이 뭘 원하는지도 모르고 시도하는 게 두렵다는 것이다. 언니가 더 늙기 전에 꿈을 찾아 주고 싶다. 이런저런 통화로 한 시간이 지났다.

  아침 기상은 어제의 짧은 기록과 생각을 정리해서 좋다. 나는 그런 삶을 사랑한다.

03

2022년 8월 25일 목요일,
비워라 그리고 채워라

  나는 나 너는 너. 그것은 내 감정, 생각. 너 생각, 너 감정, 이것이다.
  어제는 사람의 생각과 말 마인드가 얼굴과 행동에서 몇 초 만에 그의 인품을 알 수 있었다. 그분은 그랬다. 내가 서점 1층이라고 하니 나오면서 얼굴이 안 좋았다. 오랜만에 만나면 반가워해야 하는데 얼굴에는 잣대로 재는 그런 표현의 얼굴이었다. 12시에 서점으로 간다고 그때 보자고 했는데 약간도 못 기다리고 있는 것과 1층에 왜 없냐고 약간 화도 났고 말로 '어디야.' 하면서 사납게 이야기해서 내 마음이 무거웠지만 나는 말과 얼굴로 표현하지는 않았다. 그분과 밥을 먹는 내내 그간 있던 억울함도 들어 주고 싸운 것도 이야기하고 그분은 계속 분을 얼굴과 마음으로 표를 냈다 그간 쌓인 걸로 더 이상 자제가 안 된다는 것을 입으로 말했다.
  착한 사람, 좋은 사람은 첫째도 배려 둘째도 배려다. 그 배려 안에는 나의 인품도 나의 인간성도 보인다. 나의 성격 나의 이기심도 말과 행동보다 배려를 보면 다 나온다. 그래서 삭히고 생각해서 말도 표현도 해야 한다. 그래야 즉흥적으로 한 말 행동이 나가면 나를 잘 모르고 안 좋아하는 사람은 나를 다 알아 버린다. 그래서 교양도 지식도 지혜도 있어야 한다.

피할 수 있으면 피하고, 피하지 못할 것은 의미를 찾아 잘 견디라고 했다.

내 감정이 상하기 전에 나를 강하게 해야 한다. 그 내면의 강함은 곧 맑음과 밝음의 에너지를 날마다 지니고 채우고 안 좋은 상상과 말들은 바로 버려야 한다. 사람이 좋게 변하는 것은 두 가지인데 좋은 사람과 환경을 바꾸면 사람은 변한다. 어제는 내 안에 나의 욕심이 나를 추하게 한다는 것을 배웠다. 만족과 감사 칭찬으로 나를 채우면 난 강하게 되고 추하지 않게 맑고 밝게 살아갈 것이다. 그것이 내가 추구하는 노년이다. 과거는 지났다. 오늘을 생각하자.

내면을 채우자. 친절보다 감사보다 내면의 평정이 중요하다.

2022년 11월 6일 일요일, 추워진 11월

어제는 학회를 갔다 왔다. 새벽에 기차를 타고 신랑이 태워 주었다.

나의 부정적인 뇌가 안 좋은 기억을 하는 게 아니라 억압적인 행동이 쌓여서 습관이 되었고 지나치게 타인 중심으로 움직이다 보니 모든 것을 어둡게 만든 것이다.

박상미 교수님은 혼신을 다해 강의를 하셨다. 우리의 만남은 결코 우연이 아님을 이제 나는 안다. 내가 누군가에게 칭찬을 받는다고 흥분하지도 감정이 흔들려도 안 된다는 것을 안다. 학회를 가니 서울은 멀지 않았다. 나는 그렇게 욕심 많은 아기와 같은 나의 내면을 조금씩 다듬고 있었다. 세상에는 스승이 많다. 남에게 보이려는 스승. 혼자서 있을 때가 더 중요하다. 입을 먼저 벌리면 그만큼 행동이 제한을 받아 내가 타인에게 분주하게 된다. 그만큼 나의 시간을 뺏기고 언어도 꼬인다는 것이다. 이어령 교수님이 항암도 거부하시고 농밀한 하루하루를 귀하게 사셨다. 얼마나 그러셨을까. 나의 스승이시다. 스승은 행동이 답이다. 스스로를 이기는 것이라고 김기석 목사님의 말씀도 새겨 본다.

배워야 산다. 아는 만큼 발전한다. 느끼고 경험해야 나를 지키고 타인을 배려할 수 있다. 나는 그렇게 나의 삶의 주인이 되었다. 타인에게 휘둘려 내 시간을 내어 주지 말자고 다짐하면서 타인의 시간도 배려하는 그런 의식을 가져 본다.

　나는 진정한 상담사가 되기 위해서 이론과 행동을 익히며 노력의 대가를 타인에게 기꺼이 내주는 박상미 교수님처럼 빛이 되고 싶다. 그분은 진정 하나님이 붙여 주신 것이다. 나는 그렇게 서서히 내게 먼저 치료가 되고 있었다.

05

2023년 1월 28일 토요일, 햇살에 속지 마라 바깥은 칼 추위

어제도 그렇고 이게 겨울이다. '이게 나'라고 말하는 날씨.

나의 아침은 늦잠으로 시작했다. 어제 쌓인 설거지, 밀린 빨래가 늦잠 잔 주부에게 떡하니 기다리고 있었고 밥솥에는 밥도 없네. 도시락도 싸야 하는데 어제저녁 도시락이 그대로 있구나. 나는 초스피드로 일을 하면서 순간 어제 아는 동생과 나눈 통화가 생각났다. 적당하게 끊어야 하는데 길어진 수다와 어제 늦게 온 막내를 기다리며 책도 보고 할 것을 미루다가 이제 하니 그간 이 사람 저 사람 간섭하고 그것을 합리화까지 하는 그런 지경에까지 이르렀다. 그럼에도 불구하고 하나님은 '선아야, 내가 이 모든 순간을 너와 함께하신다.'고 하신다. 추하고 더럽고 악하고 그 속에서 신은 우리를 버린 것이 아니고 기다리고 선하게 기쁘게 살라고 무엇보다 영원을 보장하신다.

그래서 절망도 신의 바운더리 안에 있다. 그러니 평강해야 하는 이유다.

새해에는 투 잡이 생겨서 감사하고 그 일을 통해 선한 영향력이 자리함에 설렌다. 살면서 설렘이 없으면 세포 하나하나가 축 늘어지지 않겠는가. 그래서 사람은 환경도 중요하다. 그리고 생각 이상으로 행동이 생각을 좌우할 때도 있으니 많이 움직여라. 그 움직임이 나를 세울 수도 있으니 말이다.

투 잡은 두뇌훈련 강사다. 나는 한 달 동안 혼신을 다했다. 몰입은 짧았으나 나의 책임이 나를 긴 시간 연습하게 했다. 그 속에서 중요한 것은 깨달을 수 있는 시간이었다. 매일매일 해야 자연스러움을 얻을 것이고 그것만이 나와 타자들에게 자유와 기쁨과 건강을 줄 것이라는 사실을 깨닫게 했다. 그래서 모든 순간에는 의미가 있다. 특히 미루고 하기 싫어 대충하는 내 악습까지 터치하는 시간들이 마치 새가 알에서 깨어나는 것처럼 나를 만들고 나를 다지는 시간이 100세 시대의 터닝 포인트 역할을 한 것이다.

운전이 나에게 주는 의미, 생명을 건 도전. 무모하지 않게 연습과 연습. 그것만이 살길. 차선 변경에 몰입하라. 기도하면 들어가라. 운전할 때 찬양과 기도의 시간. 내게 모닝 차는 기도와 찬양의 골방이다. 이 시간은 감사, 회개 모든 것을 내려놓고 가는 시간이랄까. 죽음과 직면하는 시간, 이곳에는 분과 증오는 사라지고 갓 태어난 아기가 된다. 나의 운전대와 내 몸을 맡기는 시간이다.

06

2023년 3월 27일 월요일,
아침 10시 30분 동네 카페에서

아침에 기타를 배웠다. 진미는 언제나 웃는 얼굴을 가진 맑은 영혼의 소유자다. 진미랑 노래를 부르며 기타를 칠 때는 늘 연습을 더 할걸, 하는 생각을 하지만 막상 시간이 되면 그대로인 상태에서 기타 수업을 한다. 언제부턴가 이날이라도 배우고 연습하자, 라고 진미도 나도 그렇게 말하곤 했다. 진미가 수업을 마치고 커피숍까지 데려다준다고 했다. "언니! 집에서 책 읽어도 되지 않아요?" 진미가 동그란 눈으로 이야기했다. 나는 일단 책이랑 노트북을 가지고 나가야 뭐든 한다고 이야기를 하는데 말이 빨라지고 급하게 나의 이야기를 지나치게 웃으며 말을 했다. 이 이야기 저 이야기 혼이 빠질 것 같은 속도와 분위기로 나의 계획 등을 말이다. 진미랑은 관련 없는 말인데 일방적인 나의 대화를 진미는 들어 주었다. 진미가 말했다. "언니, 그렇게 많은 걸 하면 몸이 안 힘드세요? 나는 몸이 피곤하던데."

그 말에 나는 "마음이 힘들어서 몸이 힘든 거래." 하면서 더 길게 나의 이야기를 했다. 진미 차는 커피숍에 도착했다. 나는 커피숍에 와서 한동안 멍했다. 원래는 분위기 좋은 곳에서 책도 읽고 노트북으로 이것저것 할 계획이었다. 그리고 세 시에 출근도 해야 하니 그 황금시간을 알차게 보낼 계획이었다. 그런데 나의 기분은 좀처럼 맑아지지 않고 흐려져서 멍했다. 우선 내가 좋아하는 딸기라테를 시켰다.

지나치게 나의 스토리를 나열할 필요는 없는데, 진미가 공감을 안 한 것도 아닌데 왜 이리 멍하지. 공허하고 붕 뜨다 차츰 기분이 다운됐다.

마치 풍선이 바람에 빠진 듯이 나는 따스한 햇살에 뷰가 좋은 창가에서 아무것도 하지 않고 나의 내면의 에너지를 기다리고 있었다. 창에 반사된 빛이 따스하게 온몸을 감싸안아 황홀함을 느끼면서 서서히 평온으로 끓어올랐다. 나는 노트북을 켜고 과제를 하나하나 작성하면서 차분한 몰입을 할 수 있었다. 침묵은 나에게 평온이라는 생각이 들었다. 마음을 지키자. 맑고 밝게 말을 적게 하고 많이 듣자. 나는 욕심이 많아서 말을 많이 하고 나를 내세우려고 떠들어 버린 것이다. 그래서 공허함만 쌓인 것이고. 만약 내가 말을 적게 하고 많이 들었다면 나는 평온했을 것이다. 사람은 각자의 재능이 있을 뿐 누가 잘하고 못하고는 어린애들의 이야기가 아닌가. 나는 나의 옷을 천천히 벗었다. 가면 같은 옷을 말이다.

그리고 나를 안아 주었다. 앞으로도 다 떠벌려도 괜찮아. 나의 마음이 순수하다면 그리고 침묵하면 더 편하다고 나에게 이야기를 해 주었다.

혼자 운전을 한 지가 두 달이 되어 갔다. 첫 한 달은 신랑이 태워 주고 마칠 때는 친구가 픽업을 하는 등 많은 도움을 받고 다른 친구는 함께 자기 차를 타고 운전하기 편한 길을 알려 주었다. 그 좋은 친구들 덕에 나는 안정적으로 운전을 배울 수 있었다. 수업도 두 배로 늘었다.

어르신들에게 오히려 에너지를 받고 나는 즐거워 날뛰었다. 그게 나였나 보다.

잘하려 하지 않고 자연스럽게 웃으며 하니 나도 어르신들도 거리낌 없이 웃고 즐길 수 있었다. 오버하지 않아도 된다. 그 순간도 선아의 인생이다. 둘째 언니가 말한 선아는 일생에서 진심이라는 말 참 좋다. 내일 수업도 두렵지 않다.

자연스러운 웃음을 먼저 전하자. 밝은 인사를 먼저 전하자. 나는 혼자가 아니다. 나는 더불어 사는 것에 손을 내밀고 손을 잡을 수 있다. 나는 나를 믿는다. 타인도 믿는다. 나를 못 믿는 사람도 이해한다. 나도 가끔 그러니까 그러면 어떠랴 아름다운 것은 창조적인 것이라서 나에게는 아직 기회가 있는 법이다. 살아 있는 한 기회는 있다.

나에게 잘한다. 최고다. 웃어 주는 어르신들 대단하세요. 박수를 쳐 드려야겠다.

07

2023년 4월 3일 월요일, 따뜻하게 활기차게 걸어서 온 도서관

김병수 교수님의 강의는 적재적소(適材適所) '알맞은 인재를 알맞은 자리에 씀' 같은 타이밍에 들려준 이야기다.

요지(要旨)는 '말이나 글 따위에서 핵심이 되는 중요한 내용'. 우울한 사람들이 자기를 대변하는 말을 많이 한다. 모든 관점들이 점점 좁아져서 자기 자신의 부정적이 초점으로 맞춰진다. 과거의 후회 문제들로 돌아가서 자기 행동을 후회하고 반추하는 일이 많아진다. 생각으로 말로 우울반추가 나를 낙담하게 만들고 그 말은 듣는 상대도 우울해진다. 이런 언어는 우울증을 악화하게 된다. 그런데도 우울해지면 이런 이야기를 더 하고 싶어진다. 왜냐하면 우울반추는 증상이다. 나의 결점만 떠오르고, 옛날에 실수했던 것만 자꾸 떠오르고, 후회가 반복되면 그 생각을 붙들고 늘어지지 말고 내가 요즘 우울한가 보다, 내가 번 아웃에 빠졌나 보다, 요즘 내가 스트레스가 많아졌나 보다라고 자신의 상태를 점검해 본다. 내가 지치고 힘들어서 그런 거다. 그런 생각에 빠지지 말고 나에게 기운을 불어넣자. 기분을 전환하자. 활기를 찾으려면 무엇을 할까. 컨디션을 점검하는 기회를 만들자. 자꾸 나만 생각하고 나의 결점 떠오르고 고쳐야 할 점만 떠오른다면 그건 좋은 생각이 아니다. 거기에만 몰입한다면 내가 우울해서 그럴 수도 있다. 그럴 때는 내가 더 기운을 내라는 신호구나, 기운을 내기 위해 몸을 움직이라는 사인이구나. 이렇게 받아들여야 좋다.

우울할 때 몸을 쓰지 않으면 진짜 우울해진다. 아무 일도 하지 않으려 한다.

몸을 써서 활동을 통해서 감각을 즐겁게 만들라는 것이다. 감각경험을 활성화시키는 게 중요하다. 목욕을 한다. 몸의 온도를 따뜻하게 향기를 맡는 것도 좋다. 후각 활성화, 촉각 스킨쉽, 시각 녹색을 많이 보라. 자연으로 다가가 녹색의 위안을 받으라.

고요한 시간들이 필요하다. 회복되는 시간이 필요하다. 시간을 잘 견디면 그 후 변화되는 나를 볼 수 있다. 아무리 해도 벗어날 수 없는 아픔은 시간의 힘을 믿고 기다려라. 시간은 우리를 변화시키고 그리고 마음을 치유하고 성장시키기도 한다. 사람의 적응 능력은 굉장하고 위대하다. 적응을 하고 달라진다. 살아 보니 다른 인생도 있다. 김병수 교수님은 차분하고 진솔하게 말을 이어 가셨고 나는 그의 말을 흡수했으니, 자, 이제 신발을 신고 걸어 보자.

08

2023년 4월 4일 화요일, 4자가 둘이다 내년은 2024 4월 4일은 무엇을 쓰고 있을까? 기대된다 설렌다

고마운 사람들,

사람을 만나면 말을 하지 않아도 편하고, 따뜻한 사람에게 고맙고 감사하다.

그들에게 내가 아는 정보 등을 강하게 어필하곤 하지만 돌아와 허탈함과 심지어 부끄러운 빈 수레인 것을 느끼곤 한다. 그럴 때면 마음뿐 아니라 위가 쓰리다. 위장은 심리상태에 따라 자극하는 기관이 맞는 것임을 내 몸이 증명한다.

오늘은 나를 돌아보는 시간을 가져 본다. 어수선한 나의 행동과 생각을 정리할 시간이 필요했다. 첫째는 그럼에도 불구하고 나를 만나서 웃고 칭찬과 격려를 주는 고마운 분들은 신이 내게 주신 선물인 인복이다.

둘째는 그들과 오랜 시간을 벗으로 삼고 살아서 공허의 틈을 좁혀 주어 나를 지탱하게 한 것이다. 나는 이 시점에서 이기적이고 옹졸함을 벗어야 한다.

그들의 말을 들어주고 공감해 주고 지지해 주어야 한다. 말하자면 진솔해지자.

그렇게 하려면 내가 나를 믿어야 한다. 부족하고 어리숙한 나를 인정해 주자. 최선이 아닐 때도 나를 인정하자. 그래야 모든 관계가 자연스럽다. 모든 것의 힘은 자연스러움에서 가장 큰 예술이 나온다. 웃어라. 그리고 행동하라. 나를 사랑하자. 세상에서 가장 예쁘고 사랑스러운 나를 안아 주자~~ 잠시 공허함이 채워진다 해도 또 비워질 것이다. 그 시간에 자유를 주어 나를 흐르게 하라.

마음을 지키자. 말이 거기서 나온다. 말을 지키자. 그러면 몸이 편해진다.

나에게 고마워. 사랑해. 대단해. 지금 여기까지 온 것에 박수. 세상은 살 만해. 뭣이 살 만해한다며 저 꽃 속에 나무 사이에 바람을 보세요. 바람이 보이나요. 아니죠. 살랑살랑 불지만 나의 볼을 스친 때가 있어요. 머리도 날리죠~ 자연이 주는 것은 모든 사람에게 공평하게 주잖아요. 그래서 살 만해. 너나 나나 다 같은 인생이라고 해도 같이 비추어 주어야 이 마음에 감사가 나를 기쁘게 하죠.

09

2023년 5월 12일 금요일, 새벽이 아름다운 날

　사랑하는 시간, 행복한 시간, 이런 시간들을 내가 만들고 내가 선택하는 사람이라면 진정 비움과 채움을 아는 사람이 아닐까? 때때로 흙탕물이 되어 나도 타인도 마음이 안 무겁게 느끼는 순간도 있지만 그때그때 나의 의견을 드러내야 나도 타자도 억울함을 품지 않을 것이다. 자기의 행실이 타인에게 억울함을 주면서 신께 기도를 드린다는 행위는 어쩜 참 아이러니한 것이다. 기도는 '감사합니다.'로 족하다는 말에 나는 참으로 공감한다. 나의 기도도 그런 기도가 됐으면 좋겠다. 때론 악연을 만나면 나의 소중한 시간, 행복한 시간을 빼앗는 걸 알지만 또 만난다. 왜일까? 그 사람과 말 몇 마디만 해 봐도 나랑 맥이 맞는지 알 수 있을 만큼 나이가 들었는데도 누구는 늦게, 누구는 빠르게 그렇게 촉이 온다. 육감, 직감이라고 하고 영감이라도 한다.
　어찌 됐든 이런 작은 것들이 사람을 죽이기도 하니 이런 사람은 피해야 한다.
　그런데 또 이런 사람을 개의치 않고 잘 조절하면서 상호작용을 하는 분도 있다. 그래서 너는 되고 나는 안 되고가 있는 것이다. 나는 일단 다른 사람에 아첨하고 비유를 맞추는 그런 행위보다는 저 하늘과 나무 자연에 기쁨을 만끽하니 서서히 치유가 찾아왔고 나는 그것을 침묵이라 했다. 침묵은 더러움과 억울함과 분노를 겪은 자의 최후의 선물이다. 그 침묵을 나는 사랑한다.

적절하게 입을 막을 수 있고 적절히 깔깔 웃을 수 있다. 그는 나에게 두 단어의 말로 그의 모든 것을 보여 주었다. 나머지 80%과 그의 장점이다. 그는 진실했다. 그는 예리했다. 그래서 그 20%로의 반응이 나온 거다.

결국 100%가 장점인 것이지 그런데 왜 유독 그분에게 색안경을 끼고 미움이 품어지는지 아직 미해결된 나의 감정을 다독여 본다. 그래서 가끔 아름답고 창조적인 시간이 필요하다, 기도를 해 보았다. 이런 나를 용서해 주시고 그를 더 이상 미워하지 않기를. 그 마음의 정리를 주님께 살짝 맡겨 본다.

10

2023년 4월 6일 목요일, 오전 9시 수업 가기 전 나의 마음을 토닥토닥

부캐 뜻을 알아보니 이랬다.

부 캐릭터. 자신이 사용하는 주요 캐릭터 외의 캐릭터를 이르는 말. 온라인 게임에서 '원래 캐릭터가 아닌 또 다른 캐릭터'라고 할 수 있음. 나의 새로운 부캐는 두뇌훈련강사. 이 일은 나를 가슴 뛰게 하고 잔잔한 행복감도 따라오게 했다. 내가 하고 있는 일 무엇이든 그 일에 내가 몰입하고 즐겁게 하려면 무엇이 필요할까. 그 한 시간을 위해 나의 선택은 편안함이었다. 나와 타자들의 만남에서 자유와 평화를 추구한다.

그리고 연습만 살길.

11

2023년 4월 22일 토요일,
아침 첫 문을 열 때 1번으로 들어갔다

자판기 커피와 도서관에 비치된 책 꿀팁이었다. 지금 내게 필요한 책이라 단숨에 몰입하고 정리했다. 노트가 없어서 가져간 책 뒤 여분에 기록했다.

- **《건강 다이제스트》 2023년 4월호 중 의학박사 박민수**

미토콘드리아의 대사기능이 떨어진다. 근육도 줄고 장내 비만 균이 증가하며 기초대사량이 떨어진다. 우리가 살아가는 에너지를 만들어 내는 미토콘드리아.
미토콘드리아 대사 기능이 떨어지면 우리가 먹는 족족 에너지가 아니라 살로 가는 형태.
비만 체질 신체 활동 줄고 머리로 하는 생각 늘고 스트레스 심해지고 식욕은 늘어난다. 이래저래 비만 체질.
나잇살은 해부학적 위 머릿속 식탐과 포만감을 부르는 심리적 위와 뇌에 존재하는 식욕중추를 잘 훈련하는 노력이 필요하다.

항상성, 현재 상태를 유지

심리적 치료는 걷기. 최고의 운동. 신경안정 호르몬, 엔돌핀(행복 호르몬), 세로토닌(안정감).

활기차게 걸으면 발과 온몸의 신경들이 골고루 자극되어 뇌에서 호르몬 **멜라토닌**. 햇빛 대표적 항우울증제, 수면 호르몬. 걸어서 기분이 업. 잠도 잘 잔다. 금상첨화라는 말을 인용했다.

그것은 숲이나 나무가 많은 녹지 자연의 초록빛을 우리 뇌파가 안정되게 해 준다. 자연이 주는 행복.

錦上添花(금상첨화)

「비단(緋緞) 위에 꽃을 더한다.」는 뜻으로, 좋은 일에 또 좋은 일이 더하여짐을 이르는 말.

걷다 보면 심리적 위의 폭식 욕구와 식욕 호르몬(그렐린) 스트레스 호르몬(코로티솔)이 감소한다.

그리고 세로토닌, 멜라토닌, 엔돌핀. 이들 호르몬의 주원료는 바로 단백질이다. 단백질이 부족하면 우울증도 유발된다.

혈당 롤링(저혈당-고혈당 반복)

혈당 '롤링 현상' 당을 급격히 높이는 음식들을 즐겨 먹으면 인슐린이 대량으로 나와 저혈당과 허기 때문에 과식을 하게 되고, 이로 인해

고혈당이 반복되는 '혈당롤링현상'을 겪을 수 있다. 이처럼 혈당은 음식을 먹은 후 단 몇 분 만에 변화가 일어난다.

- **마음과 스트레스 관리 심호흡과 손톱자극 호흡이란, 전홍준 의학박사**

내쉴 호(呼), 숨을 내쉴 때 아랫배가 쏙 들어가도록 내쉬고, 숨을 들이마실 때는 마실 흡(吸) 아랫배가 볼록해지도록 들이마신다. 이때 마음속으로 호흡이라고 한다. 내쉴 때 호, 들이마실 때 흡. 손톱을 약지 빼고 눌러서 자율신경의 조화를 회복하여 스트레스를 관리한다.

내쉴 호(呼)

부를 호, 아 하, 소리 지를 효
1. (부를 호) 2. 부르다 3. (숨을) 내쉬다
부수 口(입구, 3획) 총획 8획

마실 흡(吸)

1. 마시다, 빨다 2. 숨 들이쉬다 3. (피리를) 불다
부수 口(입구, 3획) 총획 7획

마음이 평안하면 병도 사라진다. 심장병 환자들 중에는 스트레스와 불쾌한 생각에 사로잡혀 있는 경우가 많다. 특히 울화를 끓이는 분노.

우리 마음에 편안함과 기쁨이 있으면 병이 생기지 않는다.

불쾌한 생각과 감정을 **한마디로 분노와 두려움.**

12

2023년 4월 23일 일요일,
아침 9시 롯데리아

    좀 일찍 나와 나만의 시간을 갖는 것은 꿀팁이다. 나는 이런 시간들이 생생히 살아가는 원천이라고 느끼며 신나고 밝은 음악을 들으며 이 시간을 충족하고 있다. 모든 것은 사라져도 사랑은 남는다. 그리고 이런 소확행도 그 사랑의 기름인 것이다. 기름이 있어야 돌아가는 것처럼 나는 이 시간을 만끽할 자유에 감사를 한다. 어제는 충만하게 책 한 권을 소화했다. 얼마나 뿌듯했던지 타인과의 만남보다 그 시간이 나를 더 성장하게 했던 거다. 잠시 몰입하는 중.

    선미 언니가 커피를 사 가지고 도서관에 왔다. 우리는 두 시간가량 휴게실에서 이야기를 했다. 살아가는 이야기 긍정과 밝음. 삶이 우리에게 던지는 말들을 끝없이 쏟아부었다. 그리고 선미 언니는 나의 시간을 뺏은 거 같다고 다음에 보자고 했다. 나는 언니랑 이야기하는 것도 책 읽는 것도 다 중요하다고 웃으며 다음을 약속했다. 내면의 시간은 책을 읽을 때 주어진다.

    타인과는 실시간 같은 이야기니 대면하면서 순간순간 우리들은 대화를 주도하려는 습성이 강하다.

내가 늘 후회하는 것 중 말을 많이 하려는 습성과 말을 주도하려는 습성이 강해서 늘 언짢다는 걸 느낀다. 하지만 선미 언니랑은 서로 주고받으며 대화의 빈도가 비슷했다. 7시가 넘어서 신랑이 도서관에 왔다. 밭일을 하고 지친 얼굴이다. 나에게 저녁을 사 준다고 좋은 것을 먹자고 늘 하는 신랑이지만 나는 도서관이나 근처 감자탕을 먹자 했다. 뜨거운 국물과 깍두기를 실컷 먹으니 행복한 식당이다. 밥을 먹으며 나는 조잘조잘 이야기를 했다. 우리 둘만 있는 집. 더 알콩달콩 사는 맛도 있다. 다시 신혼처럼 둘만 생각하고 같이 공유하고 함께 움직이고 등등 서로 친한 친구다. 그는 일편단심 오로지 선아. 하지만 나는 늘 다른 것에 호기심이 많아 마음을 요리조리 움직이지만 오늘은 왠지 도서관에서 편안하게 책을 읽는 것이 축복이고 나에게 주어진 선물이라는 것을 느끼면서 신랑이 고마웠다.

오유지족(吾唯知足)
스스로 오직 제 분수를 지키며 만족할 줄을 앎.

어제 읽은 책은 타인에게 헌신과 사랑을 주면 내가 행복해진다고 했다. 그 대상도 나의 선택이지. 타인과 가족을 나의 잣대로 구속하지 말자. 그것은 교만한 자들의 행동이다. 나 잘났고 너 못났다로 포장하는 교만은 진저리 나게 나의 기쁨을 빼앗아 가는 것이다. 내가 그런 사람이다. 이유가 어찌 되었든 요즘 흔히 말하는 가스라이팅. 그런 나를 과

감히 수정하고 그런 타인을 멀리하여 그 시간에 신이 주신 아름다운 시간과 공간에 족하며 사는 것도 좋을 것 같다. 의문을 갖지 말자. 그 시간도 나의 선택이었다. 웃지 않고 고민에 빠진 나도 나였고 그럼에도 지금 웃고 있잖아. 나는 오점이 없고 실수가 없고 있고의 문제가 아니다. 실존의 우울 같은 것을 오랜 시간 안고 살았는데 거기에 자존감도 없어서 시간을 타인에게 휘둘리면서 보낸 어리석음에 스스로에게 또 그 시간의 타인에게 분한 것이 올라와 나를 힘들게 한 것이다. 아직도 어정쩡하게 나의 의사를 표현할 때가 있는데 그럴 때면 나를 자책한다. 그래서 나는 지식과 열린 마음을 훈련한다. 그래야 마음도 몸도 건강하게 살 수 있다. 이것이 나로 바로 사는 아름다운 시간이다.

나의 마음에 내가 칭찬하고 든든하게 안아 주기,
나의 몸에 좋은 음식으로 채우고 감사하게 먹기,
나의 신체를 움직이기 체조와 걷기,
나의 수면을 편안하게 해 주는 장소에서 잠들기,
내게 편한 사람을 만나기,
내가 조금이라도 신경이 쓰는 사람과 거리 두기,
그리고 나를 만난 좋은 인연에게 듬뿍 넘치게 열정과 사랑을 주는 것이 선아의 본 끼였다는 것을 나는 의심하지 않는다. 신이 준 성품 재능을 발견한 자는 실존적 공허에 빠지지 않는다.

2023년 8월 15일 화요일, 광복절 78주년

사람은 생각하는 대로 된다.

그 말을 되뇌며 나는 센터 수업을 가려고 자동차 키를 들고 가면서도 부정적 생각으로 주차를 해 놓은 곳에 다른 차가 가로막았으면 어쩌나 걱정을 했다. 그러면서 의도적으로 '아니야, 내 앞에 차는 없고 나는 센터에 제시간에 갈 수 있어.'라고 마음속으로 이야기를 했다.

그런데 내 차 앞에는 어디로도 갈 수 없고 밀기도 힘들게 차가 빽빽했다. 아이구, 나는 차주에게 전화를 걸었으나 전원이 꺼져 있었다. 경비실에 전화를 걸어서 차주 집 앞에서 초인종을 누르고 문을 두드리며 '차 좀 빼 주세요.'를 크게 외쳤지만 인기척도 없었다. 나는 허탈하게 걸어오면서 이런 생각이 들었지.

택시를 타고 센터에서 물건을 가지고 기관에 가서 수업을 해야지, 하면서 다시 전화를 하려고 창문에 붙은 전화를 보는데 내 차 앞 옆에 차가 나갈 테니 밀라고 이야기를 해 주셨다. 자기가 금방 나간다고 자기 차를 다른 곳에 이동 후 내 앞에 있는 차까지 밀어 주셨다. 순간 나의 생각대로 된다는 확신이 약했으나 바로 생각대로 됐다.

그리고 잔잔한 감동에 뭉클했다. 세상은 친절하고 따뜻한 사람이 곳곳에 있다. '나는 복 받으세요.'라고 인사를 했다. 차를 끌로 내려오는데 한 청년이 눈을 비비며 주차장 가는 것을 동시에 마주쳤다. 나는 혹시 저분이 하면서 스치고 지났다. 그분도 자다가 문소리에 차를 빼려고 늦게나마 와 준거네, 하면서 이래서 세상은 아직 살 만하다고.

그렇게 미소를 지었다.

그리고 센터에서 나의 빛남과 에너지를 발휘했다. 나는 내가 좋다, 나는 행복하다, 나는 건강하다, 생각하고 말하고 나는 그 훈련을 노인센터에서 했다.

14

2023년 9월하고 5일,
약목의 하늘은 참 멋짐이 었다

 넓어진 하늘 위에 하얀 조각들이 길에 연결된 그림은 50대의 마음을 흔들고도 남았다. 아, 아름답구나! 잠시 가던 길을 멈추고 나는 바람과 들꽃들의 살랑임을 느끼며 흙과 거름 내음까지 온몸으로 느끼고 싶었던 것이다.

 그래 살아 있는 것이 감사하고 이 아름다운 자연이 친구인데 죽어 가는 이들은 도대체 얼마나 아프고 슬퍼 모든 것을 버려도 좋다고 삶을 버리는 선택을 했을까. 아무리 좋은 것도 내가 재미없고 그것에 행복감을 못 누린다면 다 필요 없는 것. 나도 한때는 그렇게 무재미했었다. 내가 책임질 아이들이 있고 부모 형제가 있는데도 그랬었다.

 삶이라는 것이 그리 쉽고 단순하지만은 않기에 그들에게도 미소를 건네 본다. 언제든 내 손을 내밀고 웃어 주는 것이 나도 그들도 충분히 가치가 있음이다. 초가을을 느끼며, 서나.

15

2023년 9월 26일 화요일, 가을비

    문득 아름답다는 것에 생각을 해 본다. 그것은 어떤 소리일까. 그것은 어떤 느낌일까. 그것은 언제 오나. 그것은 지금 있나. 그것은 아무 때나 있나.

    이런 질문을 해 본다. 어쩌면 삶을 통틀어 오는 것일 거다. 나의 부끄러운 행동들, 어리석고 나를 스스로 비하했던 시간들 안에도 분명 작게나마 아름다움이 숨어서 꿈틀거린 것은 아닌가. 그것은 스스로 지탱하다 어느 순간에 커지는 것이다.

    그런데 그런 것들이 현재의 나를 옭아맨다면 문제를 스치고 지날 수는 없다. 바로 흘려보내든지 좋은 생각을 새로 담든지 나를 씻어야겠지. 비 오는 아침이 마음을 씻어 준다.

    잘했다고. 너의 실수도 부끄러움도 약이 된다고. 지금 중요하다고. 지금을 사랑하라고. 내가 만난 사람, 나의 시간, 공간, 일 등 소중하고 귀하다고. 그러면 나는 나에게 좋은 선택을 주어야 하겠다. 그 선택은 반드시 나의 주변에 영향력이 있을 것이다. 세상은 돌고 돈다. 내가 사라져도 계속 그 느낌은 여운으로 남는다. 나는 그것을 아름답다고 표현했다.

chapter8
....

꿈을 팔아요

01

부모교육 강사로 미래를 꿈꾸다

나는 어떤 이상을 가지고 있을까? 나의 열정은 어디까지 일까? 하브루타부모교육사 공부를 하면서 끝없는 질문들이 내 안에서 맴돌았다. 내가 육아를 할 때는 여건이 되지 않아 좋은 부모가 되지 못한 것 같은데 벌써 아이들이 커서 독립을 했다. 지금이라도 부모로서 지녀야 할 마음가짐이나 기본 소양을 갖추고 싶은 마음에 늦었다고 생각하지 않고 지금도 여전히 배우고 있다. 성인이 된 자녀 삼 남매와 앞으로 태어날 손자 손녀들. 그리고 지금 나와 함께 상담하는 학생들을 위해 꼭 필요한 공부라고 생각했다. 사람은 아는 만큼 보인다고 하지 않았는가? 내가 가장 존경하는 이어령 교수님은 마지막까지 글을 쓰고 사색하셨다. 나도 늦은 나이였지만 두려워하지 않고 강사과정 1급에 도전하고 몰입의 시간을 가졌다. 나를 믿었다. 내가 가진 달란트가 1이면 1만큼을 활용했다. 누구보다 먼저 과제를 냈다. 그리고 수업 수업마다 정성을 다했다.

또한 나는 실습 강의에서 1급에 도전하는 이야기를 하며 앞으로 비전을 나누는데 영어 그림책을 내는 것과 부모 교육 강사와 의미치료 강사로 전국을 다니겠다고 다짐하는 이야기를 나누었다. 그래서인지 나는 쉬지 않고 부모교육 1급에 도전하고 하브루타부모교육사와 그림책 독서토론을 취득하고 늘봄수업과 도서관 수업에 주 강사로 활동을 하게 됐다. 내게는 하늘이 준 기회라고 생각한다. 나의 첫 강의 때 임성실 부회장님과 이정숙 선생님이 용기와 노하우를 전수해 주셨다. 아낌없이 주는 나무가 이런 분들이다. 아무 조건 없이 생색 없이 나도 그렇게 배운 대로 해야겠다. 또한 하브루타는 상담사로 일을 하기에도 부모교육과 독서토론 그림책들이 다 연관이 돼서 나는 평생 공부하는 사람이 될 거라고 다짐했다.

그리고 하브루타부모교육연구소 김금선 회장님은 나의 영원한 멘토시다. 삶으로 공부를 알려 주셨다. 죽을 때까지 공부를 해야 하는 것을 일깨워 주신 고마운 멘토를 가까이에 볼 수 있는 나는 행복한 사람이다. 다음 책은 하브루타 독서토론 사례모음집으로 출간하기 위해 현장에서 열심히 수업하는 것을 기록으로 남기고 있다.

나와 이정숙 선생님, 이규빈 선생님 셋은 하브루타부모교육연구소에서 텐션 높은 사람들의 능력, 하브루타로 셋이서 활동하며 앞으로 나올 책의 공저로 힘쓰고 있다. 사람을 만나게 하는 의미치료과 만난 사람을 알기 위해 배우고 익히는 하브루타의 조합은 나의 운명인 것이다.

때로는,

스트레스를 받아 실행을 못 하고 시간을 낭비하기도 한다. 나는 외로움이 있어서 아무나 보면 친해지려 하고 상대에게 가시가 있는지도 모르고 분별할 시간 없이 무턱대고 가까이 다가가 정을 주고 상처를 받는 경우가 많았다. 때로는 상대가 원하지 않는 오지랖으로 상처를 받기도 했다. 내 감정은 얇아서 유리처럼 깨지기 쉬운데 상대의 모진 말에 깨져서 상처받고 있었다. 그럴 때면 일이 손에 잡히지 않고 집중이 되지 않았다. 귀한 시간인데 해야 할 일이나 공부를 하지 못하고 방황했다. 하지만 나는 이겨 낼 수 있다고 나를 믿는다. 나는 이론으로 배운 것보다 실전 경험들이 많아서 어려운 과정도 값지게 여기는 마음이 있기 때문이다.

 사람은 착한 사람과 나쁜 사람이 있는 것이 아니라 표현을 하는 사람과 표현 못 하는 사람이 있다고 생각한다. 나는 표현 하는 사람이 되고 싶다. 나는 그렇게 되기 위해 부단히 연습하는 시간을 보내는 중이다.

02

작가를 꿈꾸다

　아주 어렸을 때라 나이는 기억이 안 나지만 내 공책에 글을 보고 둘째 언니가 "선아가 글을 잘 쓰네." 하면서 칭찬을 해 주었는데 그 글이 최초의 칭찬이라 내 뇌리에 저장이 되었다. "아침에 밤나무가 흔들리는 것을 보니 바람이 부나 보다." 언니는 이 구절을 자주 이야기했다. 어린 나는 언니에게 잘 보이려 글을 쓰는 것을 취미로 가졌다. 여기저기 끄적이며 일기도 쓰고 내 마음을 시로 쓰고 노래도 만들어 부르고 언어를 이용해서 하는 일들을 즐거워했었다. 그리고 힘들 때마다 글로 달랬고 책은 읽지 않아도 글은 썼다. 그런데 마음이 힘들 때는 책을 읽고 위로도 받으면서 책 읽기와 쓰기 그리고 사색까지 하는 나를 보았다. 나는 다독을 못 했지만 쉬지 않고 독서를 하고 있으며 책을 사랑하는 분들과 독서 모임도 하면서 조금씩 꿈을 향해 가고 있다.
　그러다 하브루타부모교육연구소에서 하는 독서 모임을 2년 넘게 할 수 있는 기회를 갖게 되어 그 시간에 하브루타 독서토론을 한 셈이다. 그곳에서 만난 분들은 늘 공부를 하고 타인들에게 아낌없이 자신의 지혜와 지식을 공유했다. 나중에 경험한 일인데 내 안에 꿈틀거림이 말로 표현되는 것을 느꼈다. 그래도 글쓰기는 게으르게 했다. 읽기만 많이 했다. 시간이 없어서 못 읽은 날에는 일부러 무인카페에 가서 다 읽고 집으로 온 적이 많았다. 쓰지 못하고 읽기만 해서 생각을 정리할 시간이 필요했다.

 전에는 가끔 시와 짧은 글을 적었는데 독서모임을 하고는 읽는 책만 열중해서 정작 시나 글을 쓰지 않게 되었다. 그렇게 시간이 많이 흘렀다.

 내가 왜 글을 써야 하는지 알게 한 시간들이 살면서 가끔은 있었지만 그날은 도서관에서 책을 보는데 하루하루를 알차게 살려면 글을 쓰는 게 가장 좋을 거라는 걸 느끼며 나는 그날그날에 생각 느낌을 적어 내려갔다.

 일기도 시도 모두모두 적었다. 내면과 만남 그 시간이 나를 감싸 주었다.

03

심리상담사가 되다

   그동안 '있는 그대로 나를 존중하며 살았나?' 하고 생각해 보면 그렇지 못했던 것 같다. 나는 한국의미치료학회에서 상담 공부를 하면서 첫 단계로 내가 나를 존중해야 한다는 것을 알게 되었다. 《심리학자의 마음을 빌려드립니다》라는 책에 이런 대목이 나온다. '내가 나를 인정해 주어야 다른 사람 역시 나를 인정해 준다.'라고 하고 상대방의 있는 그대로 모습을 받아 주는 것이 존중이라고 했다.

   여태까지 나는 많이 헤맸다. 소중한 나와 귀한 내 가족을 등한시하고 내 부정적인 감정으로 존중하지 못했던 것 같다. 의미치료 심리상담사가 되기 위해서는 내 삶의 의미를 찾아 자기를 초월하는 경지까지 올라 스스로 내 삶의 의미에 답할 수 있어야 한다고 생각한다. 사람마다 그 삶의 의미는 다를 것이다. 각자의 인생길에서 나에게 주어진 시간 안에서 재미있고 보람 있는 일을 한다면 세상 끝나는 날도 겸허하게 웃으면서 고맙다고 인사하고 떠나는 의미 있는 인생이 되리라 믿는다.

   그래서 의미치료1급전문가 과정을 취득 후 의미치료 학회의 수퍼비전팀에서 1년 넘게 상담사로 활동을 했다. 줌 상담 전화 대면 그리고 워크숍도 서울에서 여러 번 할 수 있는 기회를 얻었다.

그 용기로 부산 구미 칠곡등을 의미치료와 세로토닌 자존감 강의를 하게 되었다.

그렇게 하는 중 한국부모교육 연구소 서유지 소장님을 알게 됐다. 의미치료 선배님이시기도 하다. 부모교육 지도자과정을 배우면서 김천에서 부모교육 강의를 할 수 있는 길을 얻을 수 있었다.

좋은 만남은 나를 위해 예비하신 것 같았다.

얼마 전 구미에 한 교회 실버대학에서 특강 문의가 왔다. 70명이 넘는 어르신들에게 어떤 강의를 할까 생각하니 설레고 가슴 뛰는 것을 보니 나는 이 일들을 해야 하는 것이다.

내가 꿈꾸는 상담사는 몸과 마음 영혼까지 맑고 건강하게 하는 것이 내가 추구하는 것이다. 그것들을 내가 먼저 훈련하고 다가가는 과정에서 개인상담도 워크숍도 특강도 모두 몸과 마음 영혼까지 맑고 건강하게 할 수 있을 거라 믿는다.

04

교육팀장으로

  나의 생활은 분주해 보여도 꼭 할 것에는 몰입하는 편인데 당연 내가 좋아하고 잘하는 것에 초집중을 한다. 폰도 어느 것도 하지 않고 오직 초집중으로 창작도 하고 모방도 하면서 시간을 보낸다.

  3년 전 친구의 소개로 실버두뇌훈련 강사를 시작하게 됐다.

  노인시설은 주간보호 요양원 이렇게 분류되어 있다. 나의 부모님 할머님들 같은 분이 계시고 앞으로 대부분의 사람들이 거쳐 가는 곳이기도 하다.

  그곳에는 종사하시는 분들도 많다.

  두뇌훈련강사가 되면서 하루하루 내가 하는 수업들이 사명감으로 해야 하는 것들임을 느끼기도 했다. 연습과 책 읽기 신체에 좋은 스트레칭 손을 활용한 뇌체조 음악은 어떤 게 맞는지 음악치료까지 연결하는 등 그리고 첫인사 멘트는 어떤 것이 좋은지 일상을 공유하기도 그날 그날의 자연환경도 이야기했다.

  무엇보다 중요한 것은 만남이다 어려서부터 모든 사람과 친하게 지내고 친밀감 있게 마음을 먼저 여는 성격이 그곳에서도 발휘가 된 것인데 어른들에게는 더 필요한 부분인 것을 알게 되었다.

 단순 놀이가 아닌 그들과 소통하며 즐겁게 웃으면서 좋은 에너지를 주는 것이 나의 강점으로 만들어지고 있었다. 어느 기관이나 분위기는 다르지만 내가 마음을 열고 최선을 다하면 그분들도 얼마나 행복해하시는지 말하지 않아도 느껴졌다.

 그리고 교육팀장을 하면서 새로운 강사님들에게 수업의 실제편을 알려 드리고 체조와 놀이 음악을 지도해 주는 역할인데 처음 수업 때 나의 모습이 생각나서 그들에게 테크닉보다 마인드 교육을 먼저 해 주는 편이다.

 연습만이 익숙해집니다. 나만의 강점을 만들어서 당당하게 서야 해요, 등등.

 맞다. 모든 것은 시간이 해결해 준다. 하지만 나의 시간에 무엇을 어떠한 마음으로 하는 것이 중요하다. 즉 내가 할 수 있는 모든 것을 해야 하는 것이고 그렇게 하려면 몸과 마음에서 열정을 만들어서라도 해야 한다.

 때로는 지치고 포기하고 싶은 마음과도 타협해야 하고 이런 모든 과정도 나를 단련하고 그만큼의 나를 칭찬해 준다면 어떤 이변에도 당당하게 웃으면 할 수 있다. 나는 이런 활동들이 나의 태도와 마인드까지 바뀌는 경험을 해서 어떤 주어진 일에 모험을 주저하지 않는다. 오늘이 마지막인 것처럼 최선을 다한다면 그 삶도 의미 있지 않을까?

05

최초 놀이 하브루타강사를 꿈꾸다

나란 사람은 한 개를 시작하면 1급이나 전문가 과정을 하고 강사 양성까지 가야 속이 풀리는 사람이다. 10대의 꿈 공장 덕분에 나는 죽을 때까지 원도 한도 없이 그렇게 하고 싶은 욕망이 있다.

이런 내게 언니는 "선아야, 너는 그래도 힘도 있고 건강해서 할 수 있는 거야, 나는 힘이 없고 몸이 자주 아프다."라고 했다.

언니는 8남매의 K-장녀다

스스로 중, 고등학교를 나오고 노른자 같은 청춘을 아니 어린 몸으로 그 당시 나이(12)로 방직공장에서 3교대를 하면서 우리 가정을 살린 언니의 말을 들으면 나는 그 어린아이가 아직도 언니 안에 있는 것을 느낀다. 언니에게는 따뜻한 말과 사랑만이 우리가 해 줄 게 없다는 걸 느낀다.

언니 말처럼 나는 무쇠처럼 보인다. 웃고 해내고 그런 내게는 한두 가지 복이 있다.

바로 잘 자고 잘 먹는 것. 그리고 어떤 것을 보면 재미있게 노는 것인데, 그 놀이는 전에 12년간 일했던 보육기관에서도 늘봄강사로 활동하는 지금도 어르신들과 수업하는 곳에서도 이런 복들이 많은 강점이 된 것이다.

굳이 말하자면 잘 노는 사람이 건강하고 창의적인 것이다.

이런 나만의 강점으로 하브루타 1급 부모교육강사와 그림책코칭 독서토론의 경험을 믹스해서 나만의 콘텐츠로 활동하것이 나의 꿈이다.

나는 할 수 있다는 말에는 책임을 져야 한다고 생각한다. 말로만이 아닌 행동과 목적도 있어야 하고 그런 계획을 하는 중에도 설레는 것은 나의 것을 만났기 때문이다.

나는 이 말이 참 좋다.

"나이가 들어서 열정이 없는 게 아니라, 열정이 없어서 나이가 든다."

에필로그

아픔을 겪어 본 사람은 그 순간 너무나 고통스러워서 부정적인 생각에 빠질 수밖에 없습니다. 저 또한 고통 속 있을 때 말을 좋게 하려고 애쓰지만, 마음이 정리가 되지 않아 아주 힘든 시기를 겪을 때가 많았습니다. 오랫동안 많은 아픔과 상처로 부정적인 생각 습관에 젖어 있는 시간이 길면 길수록 더 빠져나오기 힘들다는 것은 어쩌면 당연합니다. 그런데 이런 부정적인 생각 습관은 연습과 훈련을 통해 좋은 것으로 바꿀 수 있습니다.

그래서 저는 섣불리 추측해서 공감해 주는 상담사가 되기보다는 그 순간에 스스로가 어떤 태도로 인내하며 생각습관을 바꿀 수 있도록 함께하고 싶습니다. 그렇게 훈련된 생각습관을 통한 인내는 값진 보석이 될 것입니다. 그 값진 인내로 인한 보석은 더 좋은 것을 만날 것입니다.

이 책이 나올 수 있기까지 이끌어 주신 나의 스승 박상미 교수님께 너무 감사드립니다. 교수님의 열정이 없었더라면 이 책은 세상에 나오기가 어려웠을 것입니다.

또한 제가 인생 첫 책을 쓰며 걱정하고 있을 때 선뜻 도와주겠다고 마음 편하게 이야기해 주신 한국의미치료학회 6기 우리 정희정 선생님에게도 감사의 마음을 전합니다. 바쁜 일과를 보내면서도 시간을 쪼개어 저에게 많은 시간을 내어 도와주셔서 이 책이 나올 수 있게 되었음에 진심으로 감사드립니다.

그리고 6기 박정희 선생님이 나를 엄마라고 불러주고 믿어주는 바람에 매 순간 용기를 내고 나갈 수 있었다. 나의 꿈 공장의 친구 정임을 얼마 전 천안에서 만났다, 너는 착하고 밝았다. 그리고 늘 사람이 많았다고 자신이 신임으로 갔을 때 너무 잘 했겠다고 하면서 그때를 추억하게 했다.

지금도 여러 사람을 만나고 친분을 갖고 공유하는 편이지만 때로는 혼자나 단둘의 만남도 좋다 인간은 적당히 고독해야 글을 쓴다는 나의 스승의 말에 안도감을 느낀다.

그리고 어려서부터 동생들을 위해 자기 몸을 헌신했던 K-장녀 박남외 언니의 희생으로 우리 8남매가 고생하지 않고 살았다는 것은 한 사람의 젊음과도 바꾼 일이기에 가능했노라고 고마움을 전합니다. 지금껏 나의 전폭적인 지지자가 되어주는 둘째 언니와 셋째 언니. 나에게 내담자가 되어 준 신랑과 아이들은 평소 나의 이야기를 들어 주고 내게 진심을 쏟았던 따뜻하고 선한 마음의 소유자들이다.

부모님을 비롯하여 어려운 상황에도 전적으로 믿어 주시고 "우리 선아! 우리 선아!" 하면서 칭찬해 줬던 날마다 생각나는 지금 하늘나라에 계신 우리 할머니와 저를 늘 지지해 주시고 응원해 주신 곳곳에 많은 선생님들 정말 감사하다.

그리고 저 자신이 헌신적인 사람으로 살길 원했기에 때로는 힘든 부분들이 많았습니다. 하지만 저는 압니다. 내가 하고 싶은 거, 하지 말아야 하는 거, 옳은 것들이 어떤 거라는 걸 압니다. 여러분들도 이 책을 통해서 어떤 일을 할 때는 어려움이 있지만, 하다 보면 반드시 더 좋은 일, 의미 있는 방향의 길이 생긴다고 굳게 믿어 보세요. 그랬을 때 혼자가 아니라는 걸 항상 우리 곁에 도우시는 분이 있다는 것을 잊지 않았으면 좋겠습니다.

10대의 꿈 공장

ⓒ 박선아, 2025

초판 1쇄 발행 2025년 7월 7일

지은이	박선아
펴낸이	이기봉
편집	좋은땅 편집팀
펴낸곳	도서출판 좋은땅
주소	서울특별시 마포구 양화로12길 26 지월드빌딩 (서교동 395-7)
전화	02)374-8616~7
팩스	02)374-8614
이메일	gworldbook@naver.com
홈페이지	www.g-world.co.kr

ISBN 979-11-388-4442-0 (03810)

- 가격은 뒤표지에 있습니다.
- 이 책은 저작권법에 의하여 보호를 받는 저작물이므로 무단 전재와 복제를 금합니다.
- 파본은 구입하신 서점에서 교환해 드립니다.